史记

卷四

【西汉】司马迁 著
李楠 编译

商君列传（下）

【原文】

令民为什伍①，而相牧司连坐②。不告奸者腰斩③，告奸者与斩敌首同赏，匿奸者与降敌同罚。民有二男以上不分异者，倍其赋④。有军功者，各以率⑤受上爵；为私斗者，各以轻重被⑥刑大小。僇力本业⑦，耕织致粟帛多者复⑧其身。事末利及怠⑨而贫者，举以为收孥⑩。宗室非有军功论⑪，不得为属籍⑫。明尊卑爵秩⑬等级，各以差次名⑭田宅，臣妾衣服以家次⑮。有功者显荣，无功者虽富无所芬华⑯。

【注释】

①什伍：五家为伍，十家为什。商鞅以此作为编制管理居民的基层组织，同时具有军事组织的性质。②牧司：监视，纠察。坐：罪，判罪。连坐：连罪，指一家犯罪，同伍、同什的其余人家要株连科罪。③腰斩：刑名，将人的肢体横腰斩断。④赋：即口赋，指按人头征收的军赋。⑤率：比率，标准，规定。⑥被：及，加。⑦僇：通『戮』。僇力：即勠力，努力，尽力。本业：法家认为农业是立国之本，故称农业生产为本业。⑧致：送达，交纳。或谓得到，亦通。复：免除徭役。⑨末利：法家视工商为末，故称工商之利为末利。怠：怠慢，懒惰。⑩举：全，全部。收孥：孥，通『奴』，指收捕入官为奴。或谓拘捕犯人及其妻子儿女，没为官府奴婢。⑪宗室：国君的同族。论：评定，记录。⑫属籍：家族的名册。这里指国君宗室的名册。⑬爵秩：爵位俸禄。⑭差次：等级班次。名：名下所有，即占有。⑮家次：各家的等级班次。⑯芬华：芬芳华丽，这里引申为炫耀夸示，意同前『显荣』。

【译文】

下令百姓五家为伍，十家为什，相互监视，实行连坐。不告发奸恶者处以腰斩，告发奸恶者给予和斩获敌人首级相同的赏赐，藏匿奸恶者给予和投降敌人相同的惩罚。百姓家中有两个成年男子不分立门户者，加倍征收他们的口赋。有战功者，各按规定接受更高的爵位；进行私下斗殴者，各按情节轻重给予大小刑罚。努力从事农业生产，耕耘纺织送交粮食布帛多者，免除本人徭役。专事工商末利以及因懒惰而贫困者，全部将他们收捕，没入官府为奴。国君宗室中没有军功记录的，不得载入宗室名册。明确尊贵卑贱爵位俸禄等级。各按等级班次占有田地住宅，奴婢、衣着服饰也按各家的等级班次享用。有战功者显赫尊荣，没有战功者尽管富有也无处炫耀夸示。

【原文】

令既具①，未布，恐民之不信，已乃②立三丈之木于国都市南门，募民有能徙置北门者予十金③。民怪④之，莫敢徙。复曰『能徙者予五十金』。有一人徙之，辄⑤予五十金，以明不欺。卒下令。

【注释】

①具：具备，完备。②已乃：于是。国都市南门：首都城中市场的南门。③募：招募，征求。金：秦国以一镒黄金为一金，等于二十两，一说二十四两（一两约合今十六点二二克）。④怪：奇怪，惊奇。⑤辄：即，立即。

【译文】

法令已经完备，但没有公布，恐怕百姓不信任，于是在都城市场南门立起一根三丈长的木头，招募百姓有能搬到北门的给十镒黄金。百姓对此感到惊奇，没有人敢搬。就又宣布说『有能搬的人给五十镒黄金』。有一个人搬走木头，立即给他五十镒黄金，以表明没有欺诈。终于颁下法令。

【原文】

令行于民朞年①，秦民之国都言初令②之不便者以千数。于是③太子犯法。卫鞅曰：『法之不行，自上犯之。』将法④太子。太子，君嗣也，不可施刑，刑其傅⑤公子虔，黥其师⑥公孙贾。明日，秦人皆趋⑦令。行之十年⑧，秦民大说，道不拾遗，山无盗贼，家给⑨人足。民勇于公战，怯于私斗，乡邑大治。秦民初言令不便者有来言令便者，卫鞅曰『此皆乱化之民也』，尽迁之于边城。其后民莫敢议令。

【注释】

①朞：同『期』。朞年：一整年，一周年。②初令：首次颁布的法令，指商鞅的新法。秦民之国都言初令之不便者以千数：本句第一个『之』字为动词，往，到。③于是：在这时候。太子：秦孝公太子，名驷，即后来的秦惠王。④法：法办，以法惩处。⑤傅：官名，职掌太子的教育。据《大戴礼记·保傅》，傅负责太子德行的教育。⑥黥：刑名，亦称墨刑，用刀刺刻脸部，然后涂上墨。师：官名，职掌太子的教育。据《大戴礼记·保傅》，师负责太子知识的教育。⑦趋：趋向，归附，服从。⑧行之十年：按本书《秦本纪》载秦孝公三年（公元前359年）商鞅实行变法，孝公十年（公元前352年）鞅为大良造，其间相隔七年，则此『十』似为『七』之误。⑨给：富足，富裕。

【译文】

法令在百姓中实行一年，秦国百姓到国都来说新法不适宜的人数以千计。在这时太子触犯法令。卫鞅说：『法令不能实行，是由于上面的人触犯法令。』准备依法惩处太子。太子，是国君的继承人，不能施加刑罚，便对太子傅公子虔行刑，并对太子师公孙贾处以黥刑。第二天，秦国百姓都服从法令了。实行新法十年，秦国百姓皆大欢喜，路上不捡拾他人遗物，山中没有蟊贼强盗，家家富裕，人人满足。百姓勇敢为国作战，害怕私人斗殴，城乡大治。秦国百姓中当初说法令不适宜者有来说法令适宜的，卫鞅说『这些都是扰乱教化的人』，全部迁居到边境城堡。此后百姓中就没有人敢于议论法令了。

【原文】

于是以鞅为大良造[1]。将兵围魏安邑[2]，降之。居三年，作为筑冀阙[3]宫庭于咸阳，秦自雍[4]徙都之。而令民父子兄弟同室内息[5]者为禁。而集小都乡邑聚[6]为县，置令、丞[7]，凡三十一县。为田开阡陌封疆[8]，而赋税平[9]。平斗桶权衡丈尺[10]。行之四年，公子虔复犯约，劓[11]之。居五年，秦人富彊，天子[12]致胙于孝公，诸侯毕贺。

【注释】

①大良造：亦作『大上造』，秦爵名。据《汉书·百官公卿表》，为秦二十级爵中的第十六级。②安邑：魏都邑名，魏氏封侯立国，即都于此。在今山西夏县西北。③作为：兴作营造。冀阙：宫廷外的门阙，为公布政令之处。④雍：秦都邑名，秦德公元年（公元前677年）迁都于此，直至秦献公二年（公元前383年）迁都栎阳（今陕西临潼北）。在今陕西凤翔南。⑤息：生息，养育。⑥都乡邑聚：四者皆为百姓集居的处所。⑦令：县令，为一县之行政长官。丞：县丞，为县令副佐。⑧为田：治田，整治田地。开：开立，设置。阡陌：田间纵横之道，既可通行往来，又为土地分界。封：土堆，作为田界标志。疆：疆界，田界。⑨平：平齐，统一。赋税平：赋税统一。⑩斗：量器名，一斗约合今二公升。桶：量器名，方形斛，一斛十斗，约合今二十公升。权衡：权为砝码、秤锤，衡为秤杆，此合言指秤。尺：

秦尺约合今二十三点二厘米。⑪劓：刑名，割鼻子。⑫天子：指周显王，名扁，周安王之子，周烈王之弟。天子致胙：周天子将在宗庙供奉过的祭肉馈赠给秦孝公。这是一种天子对诸侯表示亲密尊重的礼仪。

【译文】

于是秦孝公任用卫鞅为大良造。卫鞅率领军队包围魏国安邑，迫使安邑投降。经过三年，在咸阳大兴土木建造冀阙、宫殿，秦国从雍迁都到咸阳。而后下令禁止百姓父子兄弟同居共室养育后代。合并小都、小乡、小邑、小聚为县，设置县令、县丞，共三十一个县。整治田地，开立阡陌封疆作为地界，从而使赋税征收整齐划一。统一斗桶、权衡、丈尺的标准。实行第二次新法四年，公子虔再次违反规约，处以劓刑。经过五年，秦人国富兵强，周天子赠送祭肉给秦孝公，诸侯都来祝贺。

【原文】

其明年，齐败魏兵于马陵①，虏其太子申②，杀将军庞涓③。其明年，卫鞅说孝公曰：『秦之与魏，譬若人之有腹心疾，非魏并秦，秦即并魏。何者？魏居领厄④之西，都安邑，与秦界河而独擅山东⑤之利。利则西侵秦，病则东收地。今以君之贤圣，国赖以盛。而魏往年大破于齐，诸侯畔⑥之，可因此时伐魏。魏不支秦，必东徙。东徙，秦据河、山之固，东乡⑦以制诸侯，此帝王之业也。』孝公以为然，使卫鞅将而伐魏。魏使公子卬将而击之。军既相距，卫鞅遗魏将公子卬书⑧曰：『吾始与公子驩⑨，今俱为两国将，不忍相攻，可与公子面相见，盟，乐饮而罢兵，以安秦魏。』魏公子卬以为然。会盟已，饮，而卫鞅伏甲士而袭虏魏公子卬，因攻其军，尽破之以归秦。魏惠王兵数破于齐秦，国内空，日以削，恐，乃使使割河西⑩之地献于秦以和。而魏遂去安邑，徙都大梁⑪。梁惠王曰：『寡人恨不用公叔座之言也。』

卫鞅既破魏还，秦封之於、商⑫十五邑，号为商君。

【注释】

①马陵：齐国邑名，一说为魏国邑名，在今河南范县西南，或谓在今河北大名东南。②太子申：即魏惠王之太子，任魏军上将军。③庞涓：曾与孙膑同学兵法，后事魏惠王为将，死于公元前342年的马陵之战。④领：别本多作『岭』。领厄：山岭险厄之地，指今山西西南部中条山一带。⑤山东：指华山以东地区。⑥畔：通『叛』，背叛，背离。⑦乡：通『向』。⑧遗：馈赠，致送。书：书信。⑨驩：同『欢』。⑩河西：地区名，指今山西、陕西两省间黄河南段以西地区，约在陕西韩城、合阳、大荔一带。⑪大梁：魏国都邑名。⑫於、商：秦国邑名，於在今河南西峡东，商在今陕西商县东南。或谓『於商』为一地名，一谓邑名，即商，又称鄔；一谓地区名，又名商於、於中，在今河南淅川西南。

【译文】

第二年，齐军在马陵击败魏军，俘虏魏太子申，杀死将军庞涓。又过一年，卫鞅劝说秦孝公道：『秦国与魏国，就譬如人有心腹之病，（不能两全，）不是魏国吞并秦国，就是秦国吞并魏国。什么原因呢？魏国居于崇山峻岭的西面，在安邑建都。与秦国以黄河为界而独占山东的地利。情况有利就向西侵伐秦国，情况不妙就向东扩展土地。如今靠国君的贤能圣明，国家赖以强盛。而魏国去年被齐军打得大败，诸侯纷纷背离，可以乘这时机攻伐魏国。魏国抵挡不住秦军，必定向东迁移。魏东迁之后，秦国占据黄河、华山的天险，向东可以控制诸侯，这是千秋帝王之业啊。』秦孝公认为是这样，派遣卫鞅领兵攻伐魏国。魏王派公子卬领兵迎击秦军。两军已经相遇，卫鞅送信给魏军将领公子卬说：『我当初与公子相交甚好，如今同为两国之将，不忍心互相攻伐，是否可以同公子当面相见，缔结盟约，痛饮一番而后撤兵，以安定秦国和魏国。』魏公子卬认为好。两人会面订立盟约完毕，设宴对饮，可是卫鞅事先埋伏穿戴盔甲的武士而袭击俘虏了魏公子卬，乘势攻击他的军队，全部打垮魏军而返回秦国。魏惠王因军队屡次败于齐国、秦国，国内十分空虚，日益衰落，非常恐慌，于是派遣使者割让河西之地奉送给秦国以求和解。而后魏惠王就离开安邑，迁都到大梁。梁惠王说：『我悔恨当初不听公叔座的话啊。』卫鞅击败魏军归来，秦孝公封给他於、商之间的十五个邑，从此号称商君。

【原文】

商君相秦十年，宗室贵戚多怨望①者。赵良见商君。商君曰：『鞅之得见也，从孟兰皋，今鞅请得交，可乎？』赵良曰：『仆②弗敢愿也。孔丘有言曰：「推贤而戴者③进，聚不肖而王者退。」仆不肖，故不敢受命。仆闻之曰：「非其位而居之曰贪位，非其名而有之曰贪名。」仆听君之义④，则恐仆贪位贪名也。故不敢闻命⑤。』商君曰：『子不说吾治秦与？』赵良曰：『反听⑥之谓聪，内视⑦之谓明，自胜⑧之谓强。虞舜有言曰：「自卑也尚矣。」君不若道虞舜之道⑨，无为⑩问仆矣。』商君曰：『始秦戎翟之教⑪，父子无别，同室而居。今我更制其教，而为其男女之别，大筑冀阙，营如鲁、卫⑫矣。子观我治秦也，孰与五羖大夫⑬贤？』赵良曰：『千羊之皮，不如一狐之掖⑭；千人之诺诺⑮，不如一士之谔谔⑯。武王谔谔以昌，殷纣墨墨⑰以亡。君若不非武王乎，则仆请终日正言而无诛⑱，可乎？』商君曰：『语有之矣：「貌言华⑲也，至言⑳实也，苦言药也，甘言疾㉑也。」夫子果肯终日正言，鞅之药也。鞅将事子，子又何辞焉！』赵良曰：『夫五羖大夫，荆之鄙㉒人也。闻秦缪公之贤而愿望见，行而无资，自粥于秦客㉓，被褐食㉑牛。期年，缪公知之，举之牛口之下，而加之百姓之上，秦国莫敢望㉕焉。相秦六七年，而东伐郑㉖，三置晋国之君㉗，一救荆国之祸㉘。发教封内，而巴㉙人致贡；施德诸侯，而八戎㉚来服。由余㉛闻之，款关㉜请见。五羖大夫之相秦也，劳不坐乘㉝，暑不张盖㉞，行于国中，不从车乘，不操干戈，功名藏于府库㉟，德行施于后世。五羖大夫死，秦国男女流涕㊱，童子不歌谣㊲，舂者不相杵㊳。此五羖大夫之德也。今君之见秦王也，因嬖人景监以为主㊴，非所以为名也。相秦不以百姓为事，而大筑冀阙，非所以为功也。刑黥太子之师傅，残伤民以骏刑㊵，是积怨畜祸也。教之化民也深㊶于命，民之效㊷上也捷于令。今君又左建外易㊸，非所以为教也。君又南面而称寡人㊹，日绳㊺秦之贵公子。《诗》曰㊻：「相鼠有体㊼，人而无礼；人而无礼，何不遄㊽死。」以《诗》观之，非所以为寿也。公子虔杜门不出已八年矣，君又杀祝懽而黥公孙贾。《诗》曰㊾：「得人者兴，失人者崩。」此数事者，非所以得人也。君之出也，后车十数，从车载甲，多力而骈胁者为骖乘㊿，持矛而操闟戟者旁车而趋(51)。此一物不具，君固不出。《书》曰(52)：「恃德者昌，恃力者亡。」君之危若朝露，尚将欲延年益寿乎？则何不归十五都(53)，灌园(54)于鄙，劝秦王显岩穴之士(55)，养老存(56)孤，敬父兄，序有功，尊有德，可以少安。君尚将贪商於之富，宠秦国之教(57)，畜百姓之怨，秦王一旦捐宾客而不立朝(58)，秦国之所以收(59)君者，岂其微(60)哉？亡可翘足(61)而待。』商君弗从。

【注释】

①望：怨，埋怨责备。②仆：第一人称的自谦语。③戴：《逸周书·谥法解》云：『爱民好治曰戴。典礼不愆曰戴。』戴者：此指受人拥戴的贤人。④义：意义，意思。⑤闻命：听命，从命。⑥反听：即听反，听取反面的话。⑦内视：即视内，省视内心，自我反省。⑧自胜：即胜自，战胜自我，约束自己。⑨道虞舜之道：第一个『道』字用作动词，

经由，实行。第二个『道』字为名词，道路。⑩无为：无用，不必。⑪戎翟之教：戎翟泛指当时活动于我国西北、西南的少数部族，尚处于比较落后的发展阶段，家庭形态方面保留着较多的群婚杂交的残余。秦人毗邻戎翟，本身立国于犬戎曾居之地，因此流行戎翟的习俗。戎翟之教当指此。⑫鲁、卫：鲁国和卫国，是中原地区文化较为发达、周王朝礼仪制度保留最多的两个国家，因而被视为传统政治文化的代表。⑬羖：黑色的公羊。五羖大夫：即百里奚。⑭掖：通『腋』，胳肢窝。⑮诺诺：连声答应，随声附和。诺，答应声。⑯谔谔：直言争辩的样子。⑰墨墨：同『默默』。⑱正言：直言。诛：责备。或谓诛杀，亦通。⑲貌言：虚言浮辞，花言巧语。华：同『花』。⑳至言：深切中肯的言语。意同前『正言』。㉑甘言：甜言蜜语。疾：病，疾病。㉒荆：楚之别称。鄙：郊野。㉓粥：通『鬻』，卖。客：侨民。此指秦国在别国的客商。㉔被：通『披』。褐：用粗麻布做成的衣服，为贫贱人的着装。食：通『饲』。㉕望：通『方』，比。或谓怨望、忌恨，亦通。㉖东伐郑：秦缪公三十年（公元前630年）、三十三年（公元前627年）曾两次攻伐郑国。㉗三置晋国之君：指秦缪公九年（公元前651年）秦国送纳晋惠公，二十二年（公元前638年）晋怀公离秦返国即君位，二十四年（公元前636年）秦国送纳晋文公。㉘一救荆国之祸：秦缪公二十八年（公元前632年），楚伐宋，秦与晋、齐等国出兵救宋，在城濮（今山东鄄城西南）大败楚军。㉙巴：部族名，相传周以前居武落钟离山（今湖北长阳西北）一带。周武王灭商后被封为子国，称巴子国。战国时期主要活动范围在四川东部。公元前316年为秦国所兼并。㉚八戎：泛指秦国周围的戎人部族。㉛由余：戎王之臣，其祖先为晋人，曾奉戎王命出使秦国。后归附秦缪公，帮助缪公称霸西戎。㉜款：通『叩』。款关：叩关，敲关门，意谓入关求见。㉝坐乘：即安车，一种设有座位的马车，专供卿大夫中年长者或享受特殊尊荣者使用。古时一般马车无座位，只能立乘。㉞盖：遮挡阳光雨雪的用具。㉟府库：此指国家收藏文书档案的机构。㊱涕：泪。㊲歌谣：古时称用乐器伴奏的咏唱为歌，不用乐器伴奏的咏唱为谣。㊳舂：用杵臼捣去谷物的皮壳。相：舂谷时的谣唱。杵：捣谷物的棒槌。相杵：指舂谷时伴随杵声的谣唱。㊴嬖人：受宠幸的人，宠臣。主：主人，荐主。㊵骏：通「峻」。骏刑：峻刑，严刑酷法。㊶深：甚，超过。㊷效：仿效，效法。㊸左：邪，邪僻。外易：即易外，言权力外移，实指商鞅掌握秦国国政，而使孝公大权旁落。㊹南面而称寡人：指商鞅受封邑而为封君。㊺绳：纠正，约束。㊻《诗》曰：以下诗句见《诗·鄘风·相鼠》第三章。㊼相：视，看。「体」，肢体。㊽遄：速，快。㊾《诗》曰：以下诗句不见今传之《诗》。㊿骈胁：肋骨相连合成一片，指胸肌发达丰满而看不见肋骨间痕。骖乘：亦作「参乘」，乘车时立于车右陪乘的人，负责安全警卫。(51)阘：通「钑」，古兵器名，一种短小的矛。旁：同「傍」，靠近，紧挨。趋：疾走，快步而行。(52)《书》曰：以下引文不见今传之《尚书》。(53)十五都：指商鞅的封地於、商十五个邑。(54)园：菜园。(55)岩穴：山洞。岩穴之士：指隐居山林的贤士。(56)存：省问，抚恤。(57)宠：荣耀，专擅。教：别本或作「政」。(58)捐：弃。损宾客而不立朝：捐弃宾客而不站立在朝廷上，是秦孝公去世的委婉说法。(59)收：收捕，收拾。(60)微：轻微。或谓少，指人数少，亦通。(61)翘足：举足，抬脚。

【译文】

商君为秦国相十年，公室贵族中有很多怨恨不满的人。赵良会见商君。商君说：「我能见到您，是通过孟兰皋，现在我请求能同您结交，可以吗？」赵良说：「我不敢奢望啊！孔丘有话这样说：『推举贤才而受到拥护的人进用，收罗不才而成就王业的人辞退。』我不才，故而不敢从命。我听说这样的话：『不该有的地位而占据它叫作贪位，不该有的名声而享有它叫作贪名。』我若听从您的意思，就怕我要成为贪图地位、贪图名声的人了。故而不敢从命。』

商君说：『您不高兴我治理秦国吧？』赵良说：『能听取反面的话叫作聪，能自我反省叫作明，能约束自己叫作强。虞舜有话这样说：「自我谦卑就高尚了。」您不如实行虞舜之道，那就不必再来问我了。』商君说：『当初秦国通行戎翟的习俗，父子之间没有区别，男女同室共居。如今我改造他们的旧俗陈规，而制定男女的区别，大建悬示政教法令的门阙，造得如同鲁国、卫国的一样。您看我治理秦国，跟五羖大夫相比谁高明？』赵良说：『一千只羊的皮，不如一只狐狸的腋毛；一千人的随声附和，不如一个士的直言争辩。周武王倡导直言争辩而昌盛，殷纣王喜好无人进言而灭亡。您倘若不以周武王为非，那么我便请求始终直言而不受责难，可以吗？』商君说：『常言有这样的话：「美言巧语好比花朵，直言不讳好比果实，苦口逆耳好比药石，甜言蜜语好比疾病。」您当真肯始终直言，便是我治病的良药。我将以您为师，您又何必推辞呢！』赵良说：『那位五羖大夫，原是楚国郊野之人，听说秦缪公贤明而希望谒见，可上路没有盘缠，便将自己卖给秦国客商，身穿粗麻服装喂牛。一年之后，秦缪公得知他，将他从牛口之下提拔起来，让他凌驾于百姓之上，秦国没有人敢同他相比。任秦相六七年，东面讨伐郑国，三次置立晋国的君主，一次挽救楚国北侵的祸患。在境内发布政教，连巴人都来进纳贡品；对诸侯施予德泽，连八方戎翟都来臣服。由余风闻，也来叩关求见。五羖大夫当秦国的相，即使疲劳也不坐安车，即使酷暑也不打伞盖，在国中巡行，不要随从的车辆，也不携带武器，他的功绩名字载入史册保存在府库中，他的德泽品行流传到后代。五羖大夫去世，秦国男男女女痛哭流涕，小孩子不唱歌谣，舂谷人不哼小调。这就是五羖大夫的德行啊。如今您进见秦王，利用宠臣景监作为荐主，不是成名的正道。任秦相不拿百姓当事，而大建宫殿门阙，不是立功的举动。对太子的师、傅处以惩罚和黥刑，用严刑酷法残害平民百姓，这是在积聚怨恨酝酿祸患啊。政教感化百姓的力量超过了君命，百姓服从上司的动作比执行君令还要迅速。如今您又搞歪门邪道让国君大权旁落，这不是实施政教的办法。您同时又在封邑中坐北朝南自称寡人，却时时用法律约束秦国的贵胄子弟。《诗》说道：「看那老鼠都有肢体，做人却没有礼仪；做人没有礼仪，为什么不快死？」用《诗》中说的话来观察您的所作所为，实在不是谋求长寿善终的行为。公子虔闭门不出已经八年了，您又杀死祝懽而判处公孙贾黥刑。《诗》说道：「得人心者兴旺发达，失人心者土崩瓦解。」这几件事，是不得人心的啊。您一出行，后面随从的车乘几十辆，车上载满全副武装的卫士，力大而肌肉发达的作陪乘，手持矛戟的武士紧紧护卫着您的车乘而疾走。这中间有一样不齐，您就坚决不外出。《书》上说：「依仗德行的昌盛，依仗暴力的灭亡。」您的生命危险得像早晨的露水（太阳一出就会消失）。您还想延年益寿吗？那就为什么不归还封赐的十五个都邑，自己到郊外耕灌菜园，劝说秦王起用身居山林的贤士，奉养老人，抚恤孤儿，敬重父兄，叙用有功，尊崇有德，才可以稍微求得平安。您若还要贪恋商、於的财富，专擅秦国的政教，积聚百姓的怨怒，秦王一旦抛弃宾客而不再在朝，秦国用以收拾您的罪名，难道会轻吗？到那时死期就指日可待了。」商君没有听从。

【原文】

后五月而秦孝公卒，太子[1]立。公子虔之徒告商君欲反，发吏捕商君。商君亡至关下，欲舍客舍。客人[2]不知其是商君也，曰：『商君之法，舍人无验[3]者坐之。』商君喟[4]然叹曰：『嗟乎，为法之敝一至此哉！』去之魏。魏人怨其欺公子卬而破魏师，弗受。商君欲之他国。魏人曰：『商君，秦之贼。秦强而贼入魏，弗归，不可。』遂内[5]秦。商君既复入秦，走[6]商邑，与其徒属发邑兵北出击郑[7]。秦发兵攻商君，杀之于郑黾池[8]。秦惠王车裂商君以徇[9]，曰：『莫如商鞅反者！』遂灭商君之家。

【注释】

①太子：太子驷，即秦惠王。②客人：『客』后别本有『舍』，字。客舍人，客舍管理服务人员。③舍：留宿。验：证件，凭证。④喟：叹息声。⑤内：通『纳』，送纳，送回。⑥走：跑，奔赴。⑦郑：秦国邑名，在今陕西叶县东。⑧郑：国名，郑国于公元前375年为韩国所灭。韩灭郑后迁都新郑（今河南新郑），故韩又称郑。此郑即指韩国。别本或无『郑』字。黾池：韩国邑名，在今河南渑池西。按本书《六国年表》秦孝公二十四年（公元前338年）『商君反，死彤地』，又《盐铁论·毁学》云『商鞅困于彭池』，裴骃《史记集解》引徐广曰『「黾」或作「彭」』，则此『黾池』似为『彤地』之误。彤，秦邑名，在今陕西华县西南。⑨车裂：刑名，将受刑者的头和四肢分别拴缚于五辆马车，鞭策马匹，撕裂其身。徇：宣示，示众。

【译文】

五个月后秦孝公去世，太子即位。公子虔一帮人告发商君要谋反，国君就派出官吏逮捕商君。商君逃亡到边关之下，打算住客栈。客栈的人不知他是商君，说：『商君的法令：留宿没有通行证件的人要判罪。』商君喟然叹息道：『唉，制订法令的弊端竟然到了这种地步！』离开秦国前往魏国。魏人怨恨他欺骗公子卬而大败魏军，拒绝接纳。商君打算到别的国家。魏国有人说：『商君，是秦国的盗贼。秦国强大而他的盗贼进入魏国，不遣返，是不可以的。』于是将商君送回秦国。商君再次进入秦国，便直奔封地商邑，与其党徒调动邑中军队往北攻击郑邑。秦王派兵攻打商君，在郑黾池杀死他。秦惠王车裂商君尸体而示众，说：『不许再有像商鞅这样的造反者！』于是又杀灭商君的家族。

【原文】

太史公曰：商君，其天资[①]刻薄人也。迹其欲干[②]孝公以帝王术，挟持浮说，非其质矣。且所因由嬖臣，及得用，刑公子虔，欺魏将卬，不师赵良之言，亦足发明商君之少恩矣。余尝读商君《开塞》《耕战》书[③]，与其人行事相类。卒受恶名于秦，有以[④]也夫！

【注释】

①天资：天生的资质，天性。②迹：追迹，考查。干：求，求取。③商君《开塞》《耕战》书：今存《商君书》二十四篇，中有《开塞》《农战》。④有以：有原因。『也夫』，语末助词，表示感叹。

【译文】

太史公说：商君，是个天性刻薄的人。考查他起初用帝王之术来求取秦孝公的信任，只不过是一时操持浮夸不根之说，并非他的本性。况且通过宠臣走门路，到了取得任用，施刑宗室公子虔，欺诈魏将公子卬，不听从赵良的话，也都足以说明商君的寡恩缺德了。我曾经读过商君《开塞》《耕战》等著作，同他本人的行为处事极相类似。他最终在秦国蒙受恶名，是有其缘由的啊！

苏秦列传

【原文】

苏秦者，东周雒阳人也。东事[①]师于齐，而习之于鬼谷先生。

【注释】

①事：犹从。

【译文】

苏秦，东周洛阳人。他往东去到齐国从师，曾在鬼谷先生那儿研习学问。

【原文】

出游数岁，大困[①]而归。兄弟嫂妹妻妾窃皆笑之，曰：『周人之俗，治产业，力工商，逐什二[②]以为务。今子释本而事口舌[③]，困，不亦宜乎！』苏秦闻之而惭，自伤，乃闭室不出，出其书遍观之。曰：『夫士业已屈首受书[④]，而不能以取尊荣，虽多亦奚以为！』于是得周书《阴符》[⑤]，伏而读之。期年[⑥]，以出揣摩[⑦]，曰：『此可以说当世之君矣。』求说周显王。显王左右素习知苏秦，皆少[⑧]之。弗信。

【注释】

①困：困窘。《战国策·秦策一》载此事于说秦惠王不听之后，与《传》文所载异。②逐什二：指买卖逐利，在十分之中取得二分盈利。③本：本业，通常指农业，此处指工商业。事口舌：指从事游说。④业已：已经。屈首受书：指低头从老师受学。⑤周书阴符：古兵家言。《战国策》作《太公阴符》之谋。和纵横家主张有相通处。⑥期年：一周年。⑦揣摩：揣度人君心理，投其所好，相机进说。⑧少：轻视。

【译文】

他出外游历了好几年，非常狼狈地回到家里。他的哥哥、弟弟、嫂子、妹妹、妻子、侍妾都暗地里讥笑他，说：

『周人的风俗，向来是治理产业，努力从事工商，以博取十分之二的利润为目的。如今你去掉了根本去搬弄口舌，倒霉活该！』苏秦听了这些话，心里感到惭愧而暗自伤心，就关门不出，把他的书都取出来，再次发愤阅读，说：『一个读书人已经埋头读书了，却不能用自己的知识去取得高位和荣耀，书读得再多，又有什么用处呢？』于是，他从这些书中找出一本《周书阴符》，伏案攻读。读了一年，他从书中找出了许多揣摩国君心意的诀窍，说道：『凭借这些知识，我可以去游说当代的国君了。』他打算去游说周显王，显王的近臣们平素就熟悉苏秦，都轻视他，不肯相信。

【原文】

乃西至秦。秦孝公卒。说惠王曰：『秦四塞之国①，被山带渭②，东有关河③，西有汉中，南有巴蜀，北有代马④，此天府⑤也。以秦士民之众，兵法之教，可以吞天下，称帝而治。』秦王曰：『毛羽未成，不可以高蜚；文理未明，不可以并兼。』方诛商鞅，疾辩士，弗用。

【注释】

①四塞之国：秦地东有黄河，又有函谷、蒲津、龙门、合河等关；南有南山及武关、峣关；西有陇山及陇山关、大震、乌兰等关；北有黄河，所以称为四塞之国。②山：指陇山、嶓山等。渭：渭水，黄河最大支流，发源于甘肃省渭原县，东流贯陕西省中部，至潼关入黄河。③关河：指函谷、蒲津等关与黄河。④代马：指代郡马邑之地，今山西朔县一带。一说谓代郡兼有胡马之利。⑤天府：自然条件优越的仓库。

【译文】

于是苏秦向西到了秦国，这时秦孝公已死，他便游说秦惠王道：『秦是个四面都有险塞的国家，群山环抱，渭水萦绕，东面有函谷、蒲津等关与黄河，西面有汉中，南面有巴、蜀之地，北面有代地和马邑，这真是天然的府库啊！凭着秦国百姓的众多，军事上的严格训练，足可以吞并各国，建帝号统治天下。』秦惠王说：『鸟的羽毛还没有长成时，绝不可以高飞；我们国家的大政方针还不明确，这是谈不到兼并别国的。』这时秦国刚杀了商鞅，讨厌那些游说之士，不愿任用。

【原文】

乃东之赵①。赵肃侯②令其弟成为相，号奉阳君③。奉阳君弗说④之。

【注释】

①赵：国名。战国七雄之一。②赵肃侯：战国时赵国君，名语，公元前349年至前326年在位。③奉阳君：奉阳君是李兑，此以公子成为奉阳君，是司马迁的误记。公子成封安平君，明载于《赵世家》。④说：通『悦』。

【译文】

于是苏秦往东到了赵国。赵肃侯用他的弟弟为相，号为奉阳君。奉阳君讨厌苏秦。

【原文】

去游燕①，岁余而后得见。说燕文侯②曰：『燕东有朝鲜③、辽东④，北有林胡、楼烦⑤，西有云中、九原⑥，南有滹沱、易水⑦，地方二千余里，带甲数十万，车六百乘⑧，骑六千匹，粟支数年。南有碣石、雁门⑨之饶，北有枣栗之利，民虽不佃作而足于枣栗矣。此所谓天府者也。

【注释】

①燕：国名。战国七雄之一。②燕文侯：燕国君，公元前361年至前333年在位。③朝鲜：国名。今朝鲜半岛。

④辽东：地区名，今辽东半岛。⑤林胡、楼烦：战国时胡族部落名。林胡、楼烦在赵国之北，此文叙述有误，应为北有东胡。⑥云中、九原：战国郡名，皆赵地，非燕所有，此应云『西界赵国。』云中，赵武灵王所置郡，约当今山西、陕西北部至内蒙古鄂尔多斯市一带。⑦滹沱、易水：均水名。滹沱在今河北西部，源出山西省五台山东北。易水在今河北西部，源出易县境，东流至定兴县西南与拒马河合流。⑧乘：先秦时，兵车一车四马为一乘。⑨碣石：古山名，在今河北乐亭县西南，后为海水所浸，沦入海中。雁门：郡名，战国赵武灵王置，治所在今山西右玉南。辖境相当今山西河曲以北，恒山以西，内蒙古旗海、岱海以南地。

【译文】

苏秦离赵又游历到燕国，经过一年多才见到燕文侯。苏秦进言道：『燕国东有朝鲜和辽东，北有林胡和楼烦，西有云中和九原，南有滹沱河和易水，国土纵横两千多里，战士好几十万，战车六百辆，战马六千匹，储存的粮食足够几年之用。南面可从碣石山、雁门山输入丰富的物资，北边可以种植枣栗获得很大利益。即使人民不耕种田地，单是枣栗的收入也就够富了。这真是天然的府库啊！

【原文】

『夫安乐无事，不见覆军杀将，无过燕者。大王知其所以然乎？夫燕之所以不犯寇被甲兵①者，以赵之为蔽其南也。秦赵五战，秦再胜而赵三胜。秦赵相毙②，而王以全燕制其后，此燕之所以不犯寇也。且夫秦之攻燕也，踰云中、九原，过代、上谷③，弥地④数千里，虽得燕城，秦计固不能守也。秦之不能害燕亦明矣。今赵之攻燕也，发号出令，不至十日而数十万之军军于东垣⑤矣。渡嘑沱，涉易水，不至四五日而距⑥国都矣。故曰秦之攻燕也，战于千里之外；

赵之攻燕也，战于百里之内。夫不忧百里之患而重千里之外，计无过⑦于此者。是故愿大王与赵从亲⑧，天下为一，则燕国必无患矣。』

【注释】

①犯寇：为敌国军队所侵犯。被甲兵：遭受军队的进攻。②相毙：互相攻击，消耗力量。③上谷：郡名。战国时燕将秦开破东胡后所置。秦代治所在今河北怀来东南。辖境相当今河北省张家口、小五台山以东，赤城、延庆以西及北京市、昌平区以北地区。④弥地：道里绵延。弥，绵亘。⑤军：驻扎。东垣：赵邑，今河北石家庄市东。⑥距：到达。⑦过：错误。⑧从亲：合纵相亲。战国后期，东方六国联合抗秦称为合纵。从，与『纵』字同。

【译文】

『安居乐业，没有战争，见不到将士死亡的危险，这点没有谁能比得上燕国。大王您明白这是什么原因吗？燕国之所以不遭受侵犯，不受战争摧残，是因为赵国作了它南方的屏障。假使秦国和赵国打五次仗，秦国胜两次而赵国胜三次，秦、赵两国互相消耗，大王可以用完好的燕国从后面控制它们，这就是燕国之所以不受敌国侵害的原因。而且秦国如要攻打燕国，要越过云中、九原，经过代郡、上谷，穿行几千里，即使能攻下燕城，秦国也会考虑到没法守住。秦国不能加害燕国，这是明摆着的事情。现在赵国如果要进攻燕国，发布号令，不到十天就可以有几十万军队进驻到边境的东垣一带。接着，赵军再渡过滹沱和易水，不到四五天，便直抵燕国的都城了，所以说，秦国进攻燕国，是到千里之外去作战，赵国攻打燕国，是在百里之内作战。不担心近在百里之内的祸患，而却看重千里之外的敌人，没有比这更错误的政策了。因而我希望大王能和赵国联合，天下联为一气，那么燕国一定没有祸患了。』

【原文】

文侯曰：『子言则可，然吾国小，西迫[①]强赵，南近齐，齐、赵强国也。子必欲合从以安燕，寡人请以国从。』

【注释】

①迫：逼近。

【译文】

燕文侯说：『你的话虽然很对，但我们的国家弱小，西边靠近强大的赵国，南边接近齐国，齐、赵都是强国。你一定打算要用合纵的策略使燕国获得安定，我愿把国家交给你安排。』

【原文】

于是资[①]苏秦车马金帛以至赵。而奉阳君已死，即因说赵肃侯曰：『天下卿相人臣及布衣之士[②]，皆高贤君之行义，皆愿奉教陈忠于前之日久矣。虽然，奉阳君妬而君不任事，是以宾客游士莫敢自尽于前者。今奉阳君捐馆舍[③]，君乃今复与士民相亲也，臣故敢进其愚虑[④]。

【注释】

①资：资助，供给。②布衣之士：指没有做官的知识分子。先秦时，贵族穿丝帛，平民则穿粗麻布衣服。③捐馆舍：对有地位的人死亡的讳称。捐，弃。馆舍，指居住的地方。奉阳君李兑在赵惠文王时尚健在，此言其在赵肃侯时已死，不合事实。④进其愚虑：献其愚计。

【译文】

于是，燕文侯供给苏秦许多车马和金帛，让他到赵国去。这时，奉阳君已经死掉。苏秦因而游说赵肃侯道：『当今天下在位的卿相人臣和民间的有识之士都仰慕您的作风，早就愿意为您效忠。虽说这样，由于奉阳君嫉妒贤能，您不能直接管理国事，所以宾客和游说之士，没有谁敢于在您面前倾吐忠言。现在奉阳君已经死掉，您如今又可与人民亲近，我这才敢于向您提出我一些不成熟的看法。

【原文】

『窃为君计者，莫若安民无事，且无庸①有事于民也。安民之本，在于择交，择交而得则民安，择交而不得则民终身不安。请言外患：齐、秦为两敌而民不得安，倚秦攻齐而民不得安，倚齐攻秦而民不得安。故夫谋人之主，伐人之国，常苦出辞断绝人之交也。愿君慎勿出于口。请别白黑，所以异阴阳而已矣②。君诚能听臣，燕必致旃裘③狗马之地，齐必致鱼盐之海，楚④必致橘柚之园，韩、魏、中山皆可使致汤沐之奉⑤，而贵戚父兄皆可以受封侯。夫割地包利⑥，五伯之所以覆军禽⑦将而求也；封侯贵戚，汤、武之所以放弑⑧而争也。今君高拱⑨而两有之，此臣之所以为君愿也。

【注释】

①无庸：不必。②请别白黑，所以异阴阳而已矣：当从《战国策·赵策二》作『请屏左右，白言所以异，阴阳而已矣』。阴阳，指合纵连横的策略。③旃裘：北方少数民族用皮毛制成的衣服。旃，与『毡』字同。④楚：国名。战国七雄之一。⑤韩：战国七雄之一。魏：战国七雄之一。中山：国名。春秋时白狄别族所建立。又称鲜虞。汤沐之奉：贵族收取赋税作为个人用费的私邑。汤沐：即沐浴。奉：奉邑。⑥割地包利：割取别国土地，获取利益。⑦伯：通『霸』。禽：

通『擒』。⑧放弑：此指商汤放逐夏桀，周武王诛灭商纣。放，放逐。弑，杀君。⑨高拱：高坐拱手，比喻安然不动。

【译文】

『我私下为您考虑，最好是使人民的生活安定，不要破坏他们的安宁。安民的根本方针，在于选择邦交。选择邦交得当，人民就能安定；选择邦交不当，人民就终身不能安定。请允许我谈一谈赵国的外患问题。假如把齐、秦两国都作为敌人，人民的生活就无法安定。如果倚靠秦国去攻打齐国，人民也不能安定。又如倚靠齐国来进攻秦国，人民仍然不能安定。所以图谋别国的君主，进攻别的国家，这种劝人断绝邦交的话常令人难以启齿，希望您也不要轻易出口。请让我指出这策略的不同，不过就是区别合纵连横两种方法而已。您如能采纳我的建议，燕国一定会献上盛产毛毡、皮衣、狗马的土地，齐国一定会献上盛产鱼盐的海域，楚国一定会献上盛产橘柚的园林，韩、魏、中山也都会献上一部分土地作为赵国贵臣收取赋税的私邑，您尊贵的亲戚父兄也都可以得到封侯之赏。割取别国的土地而取得利益，这是五霸冒着损军折将的风险去追求的。使自己的贵戚能够封侯，更是成汤和周武王采用放逐和杀君的手段也要去争取的。现在您只需安然不动便可得到这两种好处，这就是我对您祝愿的原因。

【原文】

『今大王与秦，则秦必弱韩、魏；与齐，则齐必弱楚、魏。魏弱则割河外①，韩弱则效宜阳②，宜阳效则上郡③绝，河外割则道不通，楚弱则无援。此三策者，不可不孰计④也。

【注释】

①河外：地区名，战国时魏人称今黄河以南陕西华阴至河南陕县一带为河外。②效：献。宜阳：故城在今河南

宜阳县西北洛河北岸的韩城镇。上郡：魏地，辖境当今陕西榆林一带，与韩相去甚远。③上郡：疑当作『上党』。上党，韩郡，今山西长治县一带，与宜阳隔河相望。③孰计：反复考虑。孰，古『熟』字。

【译文】

『现在您如果与秦国联合，那么秦国一定会去削弱韩国和魏国；假如您和齐国结交，那么齐国一定会去削弱楚国和魏国。魏国削弱就会割让河外，韩国削弱就会献出宜阳，献出宜阳就会使上郡处于绝境，割让河外也会使通往上郡的道路不通，楚国削弱将使赵国失去外援。这三种策略，不能不详加考虑。

【原文】

『夫秦下轵道①，则南阳②危；劫韩包周③，则赵氏自操兵④；据卫取卷⑤，则齐必入朝秦。秦欲已得乎山东⑥，则必举兵而向赵矣。秦甲渡河踰漳⑦，据番吾⑧，则兵必战于邯郸之下矣。此臣之所为君患也。

【注释】

①轵道：古道路名，位于今河南省济源市东，为豫北进入山西的要道。②南阳：地区名，属魏。地包括今王屋山到河南温县一带。③劫韩包周：宜阳、新城在周西，荥阳、成皋在周东，故攻取韩地则包围了周都洛阳。④操兵：指持兵器登城守御。⑤据卫取卷：占有卫国，夺取卷邑。卫，战国时小国，初都楚丘（今河南滑县），后迁帝丘（今河南濮阳）。卷，卫邑，在今河南原阳县西。⑥山东：地区名。战国时，泛指崤山以东地区。⑦河：黄河。漳：漳河，在河北、河南两省边境。⑧番吾：战国赵邑，故城在今河北磁县境。

【译文】

『秦军如果攻下轵道，那么韩国的南阳便危险了。秦国如劫持韩国、包围周都洛阳，那么赵国将发兵自卫。如果秦军据有卫地，夺取卷城，那么齐国一定会去朝拜秦国。秦国的欲望在山东地区已开始得到满足，就必然会举兵指向赵国。秦军渡黄河、越漳水、占据番吾，那么秦军将直捣邯郸，这是我最为您担心的事。

【原文】

『当今之时，山东之建国莫强于赵。赵地方二千余里，带甲数十万，车千乘，骑万匹，粟支数年。西有常山①，南有河漳②，东有清河③，北有燕国。燕固弱国，不足畏也。秦之所害于天下者莫如赵，然而秦不敢举兵伐赵者，何也？畏韩、魏之议其后也。然则韩、魏，赵之南蔽也。秦之攻韩、魏也，无有名山大川之限，稍蚕食之，傅④国都而止。韩、魏不能支秦，必入臣于秦。秦无韩、魏之规⑤，则祸必中⑥于赵矣。此臣之所为君患也。

【注释】

①常山：山名，今河北定县西北的恒山。②河漳：水名。『河』一作『清』，即漳河。③清河：古河名，在齐、赵二国边境。④傅：迫近。⑤规：《国策》作『隔』，犹言阻隔。⑥中：集中，专注。

【译文】

『当前，山东地区的国家没有比赵国更强的。赵国的领土纵横二千多里，战士几十万，战车千辆，战马万匹，粮食可以供应好几年。西有常山，南有漳河，东有清河，北有燕国。燕国本是个弱国，不值得害怕。秦在各国中最忌恨的就是赵国。但是秦国不敢举兵攻打赵国，为什么呢？就是怕韩、魏从背后打它的主意。那么，韩、魏可说是赵国南边的屏障。秦国如进攻韩、魏，没有高山和大河的阻隔，逐渐蚕食它们的土地，直到迫近它们的国都为止。韩、魏不能抵挡秦国，必然向秦国屈服称臣。秦国没有韩、魏的制约，那么战祸就会落到赵国头上，这是我为您担忧的又一桩大事。

【原文】

『臣闻尧无三夫①之分，舜无咫尺②之地，以有天下；禹无百人之聚③，以王④诸侯；汤武之士不过三千，车不过三百乘，卒不过三万，立为天子：诚得其道也。是故明主外料其敌之强弱，内度⑤其士卒贤不肖，不待两军相当而胜败存亡之机固已形于胸中矣，岂掩于众人之言而以冥冥⑥决事哉！

【注释】

①三夫：指部属。②咫尺：极言其少。③聚：村落。④王：作诸侯的统领者。⑤度：估量。⑥掩：受蒙蔽。冥冥：昏暗。

【译文】

我听说尧没有几个部属，舜没有一点土地，但都拥有了天下；大禹不到一百个部众，却统治了天下诸侯；商汤、周武王的士兵不过三千，战车不过三百辆，军队不过三万人，却能立为天子，都是由于他们懂得治理天下之道。因此，贤明的君主对外能估计敌人的强弱，对内能衡量自己士兵素质的优劣，不必等到两军交锋，对胜负存亡的可能性早已了然于胸了，怎么会被一般人的言论所蒙蔽，糊里糊涂去决定大事呢！

【原文】

『臣窃以天下之地图案①之，诸侯之地五倍于秦，料度②诸侯之卒十倍于秦，六国为一，并力西乡而攻秦，秦必破矣。今西面而事之，见臣于秦。夫破人之与破于人也，臣人之与臣于人也，岂可同日而论哉！

【注释】

①案：考查。②料度：估量。

【译文】

『我私下查看地图加以衡量，山东各国的疆土合起来比秦国大五倍，兵力是秦国的十倍。六国联成一气，合力向西攻打秦国，秦国非被攻破不可。现在各国反而向西投靠秦国，做秦的臣属。打败别人和被别人打败，使别国臣服和向别国称臣，这两者难道可以同日而语吗？

【原文】

『夫衡人①者，皆欲割诸侯之地以予秦。秦成，则高台榭②，美宫室，听竽瑟③之音，前有楼阙轩辕④，后有长姣美人，国被⑤秦患而不与其忧。是故夫衡人日夜务以秦权恐愓⑥诸侯以求割地，故愿大王孰计之也。

【注释】

①衡人：游说诸侯事秦的连横派辩士。衡，通『横』。②榭：古时土筑的高台称为台，高台上的屋舍叫榭。③竽：古管乐器，形似笙而较大，管数亦较多，战国时盛行于民间。瑟：古拨弦乐器，有二十五弦，每弦有柱，按五声音阶定位。④阙：古代宫殿的前面，通常有两个高耸的建筑物左右对峙，中间有空阙作为行道通路，所以叫阙。轩辕：当作『轩县』，东西北三面都悬挂乐器。一说轩辕指车。⑤被：遭受。⑥恐愓：恐吓。

【译文】

『说到那些主张连横的人，都想把诸侯的土地割给秦国。秦国如获得成功，他们就会把自己的楼台亭榭筑得高高的，宫室修得很华美，欣赏竽瑟的演奏，前有楼阁宫阙张挂着乐器，后有苗条艳丽的美女。诸侯遭到秦的侵扰，他们不分担一点忧虑。所以那些主张连横的人，时刻都致力于用秦国的权威来恫吓诸侯，以求达到割地的目的。因此，我希望大王能仔细考虑。

【原文】

『臣闻明主绝疑去①谗，屏流言之迹，塞朋党②之门，故尊主广地强兵之计臣得陈忠于前矣。故窃为大王计，莫如一韩、魏、齐、楚、燕、赵以从亲，以畔③秦。令天下之将相会于洹水④之上，通质⑤，刳白马而盟⑥。要约曰：「秦攻楚，齐、魏各出锐师以佐之，韩绝其粮道⑦，赵涉河漳⑧，燕守常山之北⑨。秦攻韩、魏，则楚绝其后⑩，齐出锐师而佐之，赵涉河漳，燕守云中。秦攻齐，则楚绝其后，韩守城皋⑪，魏塞其道，赵涉河漳、博关⑫，燕出锐师以佐之。秦攻燕，则赵守常山，楚军武关⑬，齐涉勃海⑭，韩、魏皆出锐师以佐之。秦攻赵，则韩军宜阳，楚军武关，魏军河外，齐涉清河，燕出锐师以佐之。诸侯有不如约者，以五国之兵共伐之。」六国从亲以宾⑮秦，则秦甲⑯必不敢出于函谷以害山东矣。如此，则霸王之业成矣。』

【注释】

①去：除掉。②朋党：由于利害相合而互相勾结的小集团。③畔：同『叛』。④洹水：古水名。在今河南省北境，今名安阳河。源出林县隆虑山，东流经安阳市，到内黄县北入卫河。⑤通质：交换人质。春秋战国时期每以此作为保证两国友好关系的手段。⑥刳白马而盟：杀白马进行盟誓。先秦盟誓时要在地面掘坑，杀牲取血后埋入坑内，并把盟辞放在牲畜上面。刳：此指宰割。⑦韩绝其粮道：秦伐楚要出武关，韩从宜阳绕道卢氏而西，可断绝秦的粮

道。⑧赵涉河漳：赵军渡过河漳而向西，作为韩国的声援。⑨燕守常山之北：恐秦声言伐楚，而忽出兵指向燕、赵。⑩楚绝其后：楚出兵武关，断绝秦军的后路。⑪城皋：即成皋。韩邑，故城在今河南荥阳市汜水镇西。⑫博关：关名。在今山东茌平县博平镇东北十五里。⑬武关：古关名，战国秦置，故址在今陕西商南县东南，为关中通往南阳盆地的要塞。⑭勃海：我国内海，位于辽东半岛与山东半岛环抱之间。⑮宾：通『摈』，排斥。⑯甲：此指甲兵。

【译文】

『我听说贤明的君主善于决断疑难，排除谗言，屏绝飞短流长的途径，堵塞结党营私的门路。这样，我才能报着效忠之心，在您面前陈述如何使国君更尊贵，国土更扩大，兵力更强盛的计划。我私下为您考虑，最好是团结韩、魏、齐、楚、燕、赵等国合纵亲善，一道反抗秦国。使各国的将相在洹水上结盟，互相交换人质，宰杀白马，举行盟誓。相互约定说：「假如秦国攻打楚国，那么齐国、魏国就派出精锐部队帮助楚国；韩国断绝秦国运粮的道路，赵军渡过漳河，燕国则守卫常山以北一带。秦国如果进攻韩、魏二国，那么楚国就截断秦的后路，齐国派出精兵援助，赵军渡过漳河遥相呼应，燕国则固守云中郡一带。秦国要是进攻齐国，那么，楚国同样截断它的后路，韩国守住成皋，魏国堵住秦军通道，赵军越过漳河、博关进行支援，燕国也派精兵助战。假如秦进攻燕国，那么赵国就守住常山，楚国驻军武关，齐国渡过渤海，韩、魏都出精兵助战。秦国如果攻打赵国，那么韩国就驻军宜阳，楚国驻军武关，魏国屯军河外，齐国渡过清河，燕国也派精兵支援。诸侯中有不遵守盟约的，其余五国便联军讨伐。」六国要真能合纵相亲，共同抗秦，那么秦军一定不敢出函谷关来危害山东一带的国家了。这样，您的霸王之业也就成功了。』

【原文】

赵王曰："寡人年少，立国[①]日浅，未尝得闻社稷之长计也。今上客有意存天下，安诸侯，寡人敬以国从。"乃饰车百乘，黄金千溢[②]，白璧百双，锦绣千纯[③]，以约诸侯。

【注释】

①立国：在位，当国。立，通"莅"，临的意思。②溢：通"镒"，古代的重量单位，以金二十两或二十四两为一镒。③纯：古代布帛的计量单位，匹，段。

【译文】

赵肃侯回答道："我年纪轻，治理国家的时间很短，从未有人告诉过我治国的长远之计。如今您有意为各国谋生存，使诸侯得以安定，我诚恳地把国家付托给您。"于是装饰车子一百辆，加上黄金一千镒，白璧一百双，锦绣一千匹，用来邀约其他诸侯结盟。

【原文】

是时周天子致文、武之胙[①]于秦惠王。惠王使犀首[②]攻魏，禽将龙贾[③]，取魏之雕阴[④]，且欲东兵[⑤]。苏秦恐秦兵之至赵也，乃激怒张仪，入之于秦。

【注释】

①文武之胙：指周王祭周文王、周武王的祭肉。②犀首：本魏国武官名，此指魏人公孙衍，这时在秦任大良造（秦爵第十六级）。③禽：通"擒"。龙贾：魏将。④雕阴：古地名，在今陕西省甘泉以南，洛水以西。⑤东兵：引兵东下。

【译文】

正当此时，周天子把祭祀文王、武王的祭肉赐给秦惠王。秦惠王派犀首进攻魏国，生擒魏将龙贾，攻占了雕阴，并打算继续向东方用兵。苏秦担心秦国军队打到赵国破坏合纵，便用计激怒张仪，让他投奔秦国。

【原文】

于是说韩宣王①曰：『韩北有巩②、成皋之固，西有宜阳、商阪③之塞，东有宛、穰④、洧水⑤，南有陉山⑥，地方九百余里，带甲数十万，天下之强弓劲弩皆从韩出。谿子⑦、少府时力、距来⑧者，皆射六百步之外。韩卒超足而射⑨，百发不暇止，远者括蔽洞胸，近者镝弇心⑩。韩卒之剑戟皆出于冥山、棠谿、墨阳、合赙⑪、邓师、宛冯、龙渊、太阿⑫，皆陆断牛马，水截鹄⑬雁，当敌则斩⑭，坚甲铁幕⑮，革抉㕹芮⑯，无不毕具。以韩卒之勇，被⑰坚甲，蹠⑱劲弩，带利剑，一人当百，不足言也。夫以韩之劲与大王之贤，乃西面事秦，交臂而服⑲，羞社稷而为天下笑，无大于此者矣。是故愿大王孰计之。

【注释】

①韩宣王：昭侯之子，公元前332年至前312年在位。②巩：今河南巩义市，本东周邑，言可恃作屏障。③商阪：山名，又名商山，楚山，在今陕西商县东南。④宛：邑名，在今河南南阳市。穰：邑名，在今河南邓州市东南。宛、穰俱在韩国的南面，不在东。⑤洧水：水名，即今河南双洎河，源出河南登封市东，东南流入颍河。⑥陉山：山名，在今河南新郑市西南三十里。⑦谿子：弓名。南方名为『谿子』的少数民族所造良弓，此指韩国的仿制品。⑧少府：韩国主管兵器制作的官署。时力、距来：皆良弓名。『来』当为『黍』之误。⑨超足而射：坐着用足踏弩，

以手引揍机，然后发射。⑩括：当作『銛』，箭镞。蔽：衍文。镝弇心：箭射穿心房。⑪冥山、棠谿、墨阳、合赙：均地名，是韩国冶铸工业发达的地方。冥山，在今河南信阳东南，战国时为楚、韩二国分界处。棠谿，古邑名，春秋楚地，战国属韩，在今河南西平县西北，以出宝剑闻名。附近有龙渊水，淬铸刀剑，尤为锋利。墨阳，在今河南内乡县北。合赙，在今河南西平县西三十里。⑫邓师、宛冯、龙渊、太阿：均剑名。邓师，邓地铸剑的工匠。宛冯，宛人在冯池铸剑，剑因此得名。⑬鹄：即天鹅。⑭当敌则斩：言所当无不破。⑮铁幕：用来保护小腿和手臂的铁制臂衣。⑯革抉：皮制的臂衣，射箭时套在左臂上。吷芮：系盾的带子。⑰被：穿着。⑱蹠：踏。⑲交臂而服：拱手臣服。

【译文】

于是苏秦又游说韩宣王道：『韩国北面有巩义、成皋这样坚固的城池，西面有宜阳、商阪等要塞，东面有宛、穰二县和洧水，南面有陉山，土地纵横九百多里，军队几十万，天下的强弓劲弩都是韩国制造的。像谿子弩，还有少府所造的时力、距黍两种劲弩，都能射到六百步以外，韩国的士兵举足踏弩而射可以不停地射百来次，对远处的敌人可以射穿他的胸部，近的可以射透他的心窝。韩国的剑戟都出产于冥山、棠谿、墨阳、合赙，邓师、宛冯、龙渊、太阿等地，都能在陆地上砍断牛马，水里截杀鹄雁。攻击敌人时，能斩断坚固的铠甲、铁衣，皮制的臂衣和盾牌，像这些精良的兵器，韩国无不具备。凭着韩兵的勇敢，披上坚甲，踏着劲弩，佩着利剑，以一个人抵挡一百个人是不在话下的。以韩国兵力的强劲和大王的贤明，却向西投靠秦国，拱手称臣，使国家蒙受耻辱而受到天下的耻笑，没有更超过此事的。所以，我希望大王能详加考虑。

【原文】

『大王事秦，秦必求宜阳、成皋。今兹效①之，明年又复求割地。与则无地以给之，不与则弃前功而受后祸。且大王之地有尽而秦之求无已，以有尽之地而逆②无已之求，此所谓市③怨结祸者也，不战而地已削矣。臣闻鄙谚曰：「宁为鸡口，无为牛后④。」今西面交臂而臣事秦，何异于牛后乎？夫以大王之贤，挟强韩之兵，而有牛后之名，臣窃为大王羞之。』

【注释】

①今兹：今年。效：呈献。②逆：迎，接受。③市：购买。④宁为鸡口，无为牛后：这是说宁肯作小而独立自主的人，不作大而受人支配的人。

【译文】

『大王如果向秦国屈服，秦国一定会向您索取宜阳和成皋。您现在把土地献给它，明年又会再要求您割地。给它吧，没有那么多地方给；不给吧，就会前功尽弃并带来后患。而且大王的土地有限，而秦国贪求却没有止境。以有限的土地去应付那无止境的贪求，这正是通常所说的买下仇恨，种下祸根，不需打仗而土地已落入别人之手了。我听说有这样的俗话：「宁可作鸡群的头领，不要作牛群里的跟从。」现在你如果向西拱手屈服于秦，这和作牛群里的跟随者有什么区别呢！以大王的贤明，拥有强大的韩国军队，却落得一个牛群跟随者的名称，我私下替大王感到羞愧。』

【原文】

于是韩王勃然作色，攘臂瞋目①，按剑仰天太息②曰：『寡人虽不肖③，必不能事秦。今主君④诏以赵王之教，敬奉社稷以从。』

【注释】

①攘臂：捋起袖子。瞋目：发怒时睁大眼睛。②太息：大声叹气。③不肖：不贤。④主君：对苏秦的尊称。

【译文】

这时，韩王一下子变了脸色，挥动手臂，怒睁双眼，按住剑柄，抬头望天，长叹一口气说：『我尽管没有出息，也绝不会向秦国屈服，现在蒙您把赵王的高见转告我，我愿意举国相随。』

【原文】

又说魏襄王[1]曰：『大王之地，南有鸿沟、陈、汝南、许、郾、昆阳、召陵、舞阳、新都、新郪[2]，东有淮、颍、煮枣、无胥[3]，西有长城之界[4]，北有河外、卷、衍、酸枣[5]，地方千里。地名虽小，然而田舍庐庑之数[6]，曾无所刍牧[7]。人民之众，车马之多，日夜行不绝，輷輷殷殷[8]，若有三军之众。臣窃量大王之国不下楚。然衡人怵[9]王交强虎狼之秦以侵天下，卒[10]有秦患，不顾其祸。夫挟强秦之势以内劫其主，罪无过此者。魏，天下之强国也；王，天下之贤王也。今乃有意西面而事秦，称东藩，筑帝宫[11]，受冠带[12]，祠春秋[13]，臣窃为大王耻之。

【注释】

①魏襄王：惠王子，名嗣，公元前318至前296年在位。②鸿沟：古运河，约于魏惠王十年（公元前360年）开通，故道至今河南荥阳市北引黄河水，东流自淮阳县南入颍水。陈：县名，今河南淮阳县。魏地不至陈，这是夸大的说法。汝南：郡名，今河南汝水一带。许：邑名，今河南许昌东。郾：邑名，今河南郾城县。昆阳：邑名，在今河南

叶县北二十五里。召陵：春秋楚邑，战国时属秦，在今河南郾城东。舞阳：战国魏邑，故城在今县西。新都：古邑名，属河南南阳。新郪：古邑名，在今安徽阜阳县北。③淮：淮河，源出河南桐柏山，东流经河南、安徽等省，至江苏省入洪泽湖。颍：颍水，淮河支流，经今河南东部及安徽省西北部，至寿县入淮。煮枣：战国魏邑，故城在今山东菏泽市西南。无胥：古地名，今地不详。④西有长城之界：战国时魏国西面的长城，用以防秦，起自今陕西华阴西，北至今陕西洛川县北。⑤河外：秦、汉东郡地，今河南开封市北一带。衍：邑名，地在今河南郑州市北。酸枣：邑名，在今河南延津县西南。⑥庐：小屋。庑：大屋。数：密。⑦曾无所刍牧：连放牧牲畜的地方都没有，形容人烟稠密。⑧輷輷殷殷：象声词，形容车马行驶的声音。⑨怵：引诱。⑩卒：通『猝』，突然。⑪筑帝宫：为秦国修筑宫殿，以备秦帝前来巡狩时居住。⑫受冠带：服饰、制度都采用秦国的规定。⑬祠春秋：春秋贡奉，帮助秦国祭祀。

【译文】

苏秦又去游说魏襄王道：『大王的国土，南有鸿沟、陈、汝南、许、郾、昆阳、召陵、舞阳、新都、新郪，东面有淮水、颍水、煮枣、无胥，西面有长城为界，北面有河外、卷、衍、酸枣，国土纵横千里。国家的声名虽小，但乡间的房屋都十分密集，连放牧牲畜的地方都没有。人烟稠密，车水马龙，川流不息，轰隆轰隆的车马声，听起来就好像大部队在行军。我个人认为大王的国家并不比楚国差。然而那些主张连横的人却想引诱你伙同虎狼一样的秦国去侵犯天下。一旦受到秦国的加害，他们是不管的。倚仗强秦的声威来胁迫自己的君主，罪过没有比这更严重的了。魏国是天下的强国，大王是天下的贤主。现在却甘心向西侍奉秦国，以秦国的东方属国自居，为秦国建造巡狩的行宫，接受它的礼仪制度，春秋贡奉，帮助秦国祭祀，我私下替您感到羞愧。

【原文】

『臣闻越王勾践①战敝卒三千人，禽夫差于干遂②；武王③卒三千人，革车三百乘，制纣于牧野④。岂其士卒众哉，诚能奋其威也。今窃闻大王之卒，武士二十万，苍头二十万，奋击二十万，厮徒⑤十万，车六百乘，骑五千匹。此其过越王勾践、武王远矣，今乃听于群臣之说而欲臣事秦。夫事秦必割地以效实⑥，故兵未用而国已亏矣。凡群臣之言事秦者，皆奸人，非忠臣也。夫为人臣，割其主之地以求外交，偷取一时之功而不顾其后，破公家而成私门，外挟强秦之势以内劫其主，以求割地，愿大王孰察之。

【注释】

①勾践：春秋末越国君。②禽：通『擒』。干遂：古地名，在今江苏苏州市西北四十余里。③武王：即周武王。④牧野：古地名，在今河南淇县西南。⑤武士、苍头、奋击、厮徒：都是魏国军队的名目。武士，最精锐的兵，经过严格的选拔，中选后由国家给予田宅。苍头，用青巾裹头以为识别。奋击，冲锋陷阵的勇士。厮徒，担负砍柴、养马等杂役的人。⑥效：献。实：指宝贵的器物。

【译文】

『我听说越王勾践用三千疲敝的兵士与吴国作战，在干遂生擒了吴王夫差。武王以三千兵士，三百辆兵车，在牧野之战制服了纣王。难道是他们的兵力众多吗？实在是因为他们能发挥兵威啊！我私下听说大王的兵力有武士二十万，苍头军二十万，冲击部队二十万，杂役十万，还有战车六百辆，战马五千匹，这就远远超过了越王勾践和武王。想不到现在您竟听信群臣的话，打算向秦国臣服。谈到向秦臣服，必然要割让土地和献上宝贵的器物，不经过战事而国家就已经蒙受损失了。凡是群臣中主张事奉秦国的人，都是奸臣，不是忠臣。他们作为人臣，割让自己国家的土地来讨好外国，只图眼前效益而不顾后果，损公肥私，对外依靠强秦的势力来胁迫自己的国君，以求把土地割让给秦国。希望大王仔细考虑。

【原文】

『《周书》[1]曰：「绵绵不绝，蔓蔓奈何[2]？豪氂[3]不伐，将用斧柯。」前虑不定，后有大患，将奈之何？大王诚能听臣，六国从亲，专心并力壹意，则必无强秦之患。故敝邑赵王使臣效愚计，奉明约，在大王之诏诏之。』

【注释】

①周书：即《逸周书》。今存七十一篇。②绵绵不绝，蔓蔓奈何：见于《逸周书·和寤解》。这是以草木为喻，绵绵指微小的幼芽，蔓蔓指长成的枝叶。③氂：通『厘』。这四句话的意思是要及早除掉祸患，免其发展。

【译文】

『《周书》上说：「铲除草木，在萌芽状态不加斩断，等到枝叶蔓延就不好办了。在细小的时候不斩断，等长大后就必须使用斧头砍了。」事前不考虑成熟，就会招致严重的后果，那时又怎么办呢？大王真能听从我的建议，使六国合纵相亲，齐心合力，就一定不会再遭受强秦的侵略了。因此，敝国的赵王派我来向您呈献这种不成熟的意见，接受您贤明的约定，究竟如何，全赖大王的指示。』

【原文】

魏王曰：『寡人不肖，未尝得闻明教。今主君以赵王之诏诏之，敬以国从。』因东说齐宣王[1]曰：『齐南有泰山[2]，东有琅邪[3]，西有清河，北有勃海，此所谓四塞之国也。齐地方二千余里，带甲数十万，粟如丘山。三军[4]之良，五家[5]之兵，进如锋矢[6]，战如雷霆，解如风雨。即有军役，未尝倍[7]泰山，绝[8]清河，涉勃海也。临菑[9]之中七万户，臣窃度[10]之，不下户三男子，三七二十一万，不待发于远县，而临菑之卒固已二十一万矣。临菑甚富而实，其民无不吹竽鼓瑟，弹琴击筑[11]，斗鸡走狗，六博蹋鞠[12]者。临菑之涂[13]，车毂击[14]，人肩摩，连衽成帷[15]，举袂[16]成幕，挥汗成雨，家殷人足，志高气扬。夫以大王之贤与齐之强，天下莫能当[17]。今乃西面而事秦，臣窃为大王羞之。

【注释】

①齐宣王：齐国君，名辟彊，齐威王之子。②泰山：山名，在今山东泰安县北。③琅邪：此指琅邪山，在今山东胶南市境，面临黄海。④三军：指齐的全军。⑤五家：齐征兵的基层组织，每五家为一轨，一家出丁一人，五人成为一伍，由轨长统率。这是管仲创立的制度。一说『五家』当作『五都』。五都之兵指驻守齐国五个大都市的精兵。⑥锋矢：锐利的箭头。⑦倍：通『背』，翻越。⑧绝：横渡。⑨临菑：齐国国都，以城临菑水得名。故址在今山东淄博市东北旧临淄。⑩度：估计。⑪筑：弦乐器，形似筝，头圆，五弦，弹奏时以竹尺击弦。⑫六博：或作『陆博』。古代棋戏，共十二棋，六白六黑，两人对弈，每人六棋，故名。蹋鞠：战国时新兴起的一种练武的军事游戏。鞠，中间用毛填起来的皮球。⑬涂：通『途』，道路。⑭毂：车轮中心的圆木，周围与辐的一端相连接。⑮衽：衣襟。帷：帐。⑯『袂』，衣袖。⑰当：敌。

【译文】

魏王说：『我没有才能，以前没有机会听取您高明的指教。现在您用赵王的指示来启发我，我愿以魏国追随您。』

苏秦乘便又向东去游说齐宣王道：『齐国南面有泰山，东面有琅邪山，西面有清河，北面有渤海，这可以说是四方都有险塞的国家。齐国的领土纵横两千里，军队几十万，粮食堆积如山，三军的锐卒和驻守五大都市的精兵，进攻时像锋利的刀和箭一样迅急，战斗时有如雷霆万钧，撤退时像风雨一样迅捷。自有战事以来，从未征调过泰山以南的部队，也不需渡过清河、渤海去征调兵卒。临菑城内有七万户人家，我私下估计，每户不少于三个男子，三七二十一万，不必等待征调远县的军队，单是临菑的兵卒就有二十一万了。临菑非常富有和殷实，这里的人没有不会吹竽鼓瑟，弹琴击筑，斗鸡赛狗以及下棋和踢球的。临菑的街道非常热闹，车辆的轮轴互相撞击，人们拥挤得肩擦着肩，衣襟连接起来就可以成为围帐，举起衣袖就可以连成一块大幕布，举手挥汗，洒下去像雨点一样，家家殷实富足，志气昂扬。以大王的贤明和齐国的强大，天下没有谁能比得上。现在您却要向西去侍奉秦国，我私下为大王感到羞愧。

【原文】

『且夫韩、魏之所以重畏秦者，为与秦接境壤界也。兵出而相当，不出十日而战胜存亡之机决矣。韩、魏战而胜秦，则兵半折，四境不守；战而不胜，则国已危亡随其后。是故韩、魏之所以重与秦战，而轻为之臣也。今秦之攻齐则不然。倍[①]韩、魏之地，过卫阳晋[②]之道，径乎亢父[③]之险，车不得方轨[④]，骑不得比行，百人守险，千人不敢过也。秦虽欲深入，则狼顾[⑤]，恐韩、魏之议其后也。是故恫疑虚猲[⑥]，骄矜而不敢进，则秦之不能害齐亦明矣。

【注释】

①倍：通『背』。②阳晋：卫邑，为当时通往齐国的必经之路，在今山东郓城县西。③径：通过。亢父：齐邑，故城在今山东济宁市南五十里。④方轨：两车并行。⑤狼顾：喻有后顾之忧。狼性怯，走时常回头后顾。⑥恫疑：恐惧。

虚猲：虚声恐吓。猲，通「喝」。

【译文】

『而且韩、魏之所以十分害怕秦国，是因为它们和秦国的边界连接。双方派出力量相当的军队，用不了十天，而胜败存亡的趋势就决定了。如果韩、魏战胜了秦国，那自己的兵力要损失一半，也无法守住自己的边境；如果战事失利，国家的危亡就会随之而来。所以韩、魏不敢轻易与秦国开战，很愿向秦国称臣。至于秦国要进攻齐国，情形便不一样了。秦国的背后倚靠着韩、魏的土地，越过卫国阳晋的通道，经历亢父的险塞，车辆不能并驶，战马不能并行，只要用一百人守住险地，一千人也过不去。秦国即使想深入侵犯，总是有后顾之忧，怕韩、魏在后面打它的主意。所以它疑虑重重，只是虚声恫吓，骄妄矜夸而不敢再向前进。那么秦国不能加害齐国，不是明摆着的事实吗！

【原文】

『夫不深料秦之无奈齐何，而欲西面而事之，是群臣之计过也。今无臣事秦之名而有强国之实，臣是故愿大王少留意计之。』

齐王曰：『寡人不敏，僻远守海，穷道东境之国也，未尝得闻余教①。今足下以赵王诏诏之，敬以国从。』

【注释】

①余教：剩余的教诲，这是尊重对方的说法。

【译文】

『不深切考虑秦国对齐国无可奈何的事实，却想向它屈服，这是臣僚们谋略上的失误。采纳我的意见，既没有向秦称臣的屈辱名声，又有使国家强大的实效，所以我希望大王稍微考虑一下。』

齐王说：『我很不聪明，守着东面海边上偏僻荒远的国家，从没有机会听取您的教诲，现在您用赵王的指示来开导我，我极愿以齐国追随您。』

【原文】

乃西南说楚威王①曰：『楚，天下之强国也；王，天下之贤王也。西有黔中、巫郡②，东有夏州、海阳③，南有洞庭、苍梧④，北有陉塞、郇阳⑤，地方五千余里，带甲百万，车千乘，骑万匹，粟支十年。此霸王之资也。夫以楚之强与王之贤，天下莫能当也。今乃欲西面而事秦，则诸侯莫不西面而朝于章台⑥之下矣。

【注释】

①楚威王：名商，宣王之子，公元前339年至前329年在位。②黔中：郡名，战国楚置。辖境相当今湖南沅、沣流域，湖北清江流域，四川黔江流域及贵州东北之一部。巫郡：战国楚置。郡治在今四川巫山县北，包括今湖北恩施市、巴东县、建始县一带。③夏州：春秋时地名。楚庄王平陈国夏征舒之乱，从陈国每乡取一人聚居于此，称夏州。地在今湖北蔡甸区北。这是楚国的腹心之地，并非它的东境。海阳：古地名，地在今江苏泰州市。④洞庭：即青草湖，在今湖南岳阳西南。苍梧：即九疑山，在今湖南宁远南。⑤陉：山名，在今河南漯河市东。郇阳：楚邑，在今陕西旬阳东。⑥章台：战国时秦渭南离宫台名，这里用作秦国的象征。

【译文】

接着，苏秦又前往西南去游说楚威王道：『楚国是天下的强国，大王您是天下贤明的君主。西面有黔中郡、巫郡，东面有夏州、海阳，南面有洞庭、苍梧，北面有陉塞、郇阳。国土有五千多里见方，武装部队上百万，战车千辆、战马万匹，粮食储备够十年之用，这是建立霸王之业的有利条件，以楚国的强大和您的贤明，天下没有谁比得上您。现在您却打算向西边的秦国称臣，那么诸侯就会都倒向西方而拜倒在秦国章台宫下了。

【原文】

『秦之所害莫如楚，楚强则秦弱，秦强则楚弱，其势不两立。故为大王计，莫如从亲以孤秦。大王不从亲，秦必起两军，一军出武关，一军下黔中，则鄢、郢[1]动矣。

【注释】

①鄢：楚邑，在今湖北宜城东南。郢：楚都，在今湖北江陵西北。

【译文】

『秦国最害怕的莫过于楚国，楚强秦国就弱，秦强楚国就弱，秦、楚势不两立。所以我为大王考虑，不如与东方各国合纵相亲，使秦国孤立。大王如果不合纵，秦国必然会出动两支军队，一支军队从武关出击，一支军队指向黔中，那么楚国的鄢郢就动摇了。

【原文】

『臣闻治之其未乱也，为之其未有也。患至而后忧之，则无及已。故愿大王蚤孰[1]计之。

【注释】

①蚤：通『早』。孰：通『熟』。

【译文】

『我听说处理问题最好赶在乱子发生之前，在灾难还没有来临时就及早采取行动。祸患临头才去寻找对策，就来不及了。所以希望大王及早考虑。

【原文】

『大王诚能听臣，臣请令山东之国奉四时之献，以承大王之明诏，委社稷①，奉宗庙，练士厉兵②，在大王之所用之。大王诚能用臣之愚计，则韩、魏、齐、燕、赵、卫之妙音美人必充后宫，燕、代橐驼③良马必实外厩。故从合则楚王④，衡成则秦帝。今释霸王之业，而有事人之名，臣窃为大王不取也。

【注释】

①委社稷：把国家交给楚国支配。委，托。②厉兵：磨砺兵器。厉，同『砺』。兵，兵器。③橐驼：即骆驼。④王：指取得天下而成王业。

【译文】

『大王如果采纳我的意见，我愿叫山东各国一年四季向您进贡，接受您的领导，把国家和宗庙都委托给您，作好战备，听从大王的指挥。大王真要能采纳我不成熟的意见，那么韩、魏、齐、燕、赵、卫等国的美好音乐和美女一定会充满您的后宫，燕、代等地的骆驼、良马就会填满您的马厩。所以说，合纵成功，楚国就能成就王业，连横成功，将使秦国称帝。如今您放弃霸王的事业，而有事奉他人的屈辱名声，我私下真为您感到不值得啊！

【原文】

『夫秦，虎狼之国也，有吞天下之心。秦，天下之仇雠[1]也。衡人皆欲割诸侯之地以事秦，此所谓养仇而奉雠者也。夫为人臣，割其主之地以外交强虎狼之秦，以侵天下，卒有秦患，不顾其祸。夫外挟强秦之威以内劫其主，以求割地，大逆不忠，无过此者。故从亲则诸侯割地以事楚，衡合则楚割地以事秦，此两策者相去远矣，二者大王何居焉？故敝邑赵王使臣效愚计，奉明约，在大王诏之。』

【注释】

①雠：仇敌。

【译文】

『秦国是个像虎狼一样凶恶的国家，抱有并吞天下的野心。秦国是天下的仇敌。主张连横的人都想割诸侯的土地去侍奉秦国，这真是奉养仇敌的人啊！作为臣子，割让自己国君的土地和虎狼一样的秦国拉关系，让它侵扰天下，自己的国家最终也会遭到秦国进犯，他是不管这种后果的。外边倚仗强秦的威势，对内去胁迫自己的国君，要求割让土地给秦国，大逆不忠的罪过，没有比这更大的了。如果合纵相亲，那么诸侯都会割让土地事奉楚国；连横成功，那么楚国就要割让土地给秦国，这两种策略相差实在太远了，大王究竟站在哪一方面呢？所以敝国的赵王派我献上这不成熟的意见，接受您贤明的约定，全在大王的安排。』

【原文】

楚王曰：『寡人之国西与秦接境，秦有举巴蜀并汉中之心。秦，虎狼之国，不可亲也。而韩、魏迫于秦患，不可与深谋，与深谋恐反人以入于秦①，故谋未发而国已危矣。寡人自料以楚当秦，不见胜也；内与群臣谋，不足恃也。寡人卧不安席，食不甘味，心摇摇然如县旌而无所终薄②。今主君欲一天下，收诸侯，存危国，寡人谨奉社稷以从。』

【注释】

①恐反人以入于秦：恐反以楚谋告诉秦国。「人」字疑为衍文。②县旌：悬挂在空中随风飘荡的旌旗，比喻心神不定。县，通「悬」。终薄，附着。

【译文】

楚王说：『我的国家西面和秦国接壤，秦国有夺取巴蜀、吞并汉中的野心。秦是个像虎狼一样凶横的国家，不能和它亲近。韩、魏由于受到秦国威胁，不能和它们深深地计议，和它们谋划大事，恐怕它们反把消息泄漏给秦国，计划还没有实行，国家已处在危难之中了。我自己估计，单靠楚国的力量去抵挡秦国，不一定能打赢；在国内和群臣商量，又不可靠。我睡不好觉，吃不好饭，心神不定，不得安宁。现在您打算团结天下，拉拢诸侯，保全处在危亡中的国家，我愿竭诚地以整个国家追随您。』

【原文】

于是六国从合而并力焉。苏秦为从约长，并相六国。

北报赵王，乃行过雒阳，车骑辎重①，诸侯各发使送之甚众，疑②于王者。周显王闻之恐惧，除道③，使人郊劳④。苏秦之昆弟妻嫂侧目不敢仰视，俯伏侍取食。苏秦笑谓其嫂曰：『何前倨而后恭也？』嫂委蛇蒲服⑤，以面掩地而谢曰：『见季子[6]位高金多也。』苏秦喟然[7]叹曰：『此一人之身，富贵则亲戚畏惧之，贫贱则轻易之，况众人乎！且使我有雒阳负郭[8]田二顷，吾岂能佩六国相印乎！』于是散千金以赐宗族朋友。初，苏秦之[9]燕，贷人百钱为资，及得富贵，以百金偿之。遍报诸所尝见德者。其从者有一人独未得报，乃前自言。苏秦曰：『我非忘子。子之与我至燕，再三欲去我易水之上，方是时，我困，故望[10]子深，是以后子。子今亦得矣。』

【注释】

①辎重：器械、粮草、营帐、服装的总称。②疑：通『拟』，比拟。③除道：清扫道路。④郊劳：到郊外迎接慰劳。⑤委蛇：同『逶迤』，曲折前进。蒲服：同『匍匐』，伏地而行。⑥季子：苏秦字季子，一说为旧时嫂子对夫弟的称呼。⑦喟然：慨叹声。⑧负郭：靠近城郭。负，背倚，郭，外城。⑨之：往。⑩望：埋怨。

【译文】

于是六国联合，力量集中，苏秦作了合纵盟约的领导人，兼任六国的相国。

苏秦北上向赵王报命，途经洛阳，随行的车马辎重以及各国护送的使者极多，就好像是国王出巡。周显王得悉这一消息非常害怕，赶忙派人替他清扫将要经行的道路，并派人到郊外慰劳。苏秦的兄弟妻嫂斜着眼不敢抬头正视，都俯伏在地上，侍候他进食。苏秦笑着向他的嫂嫂说：『你怎么以前对我那样傲慢，现在却这么恭敬呢？』嫂嫂赶快弯曲着身子匍匐在地上，把脸贴着地面谢罪说：『那是因为小叔你现在的官高而钱多啊！』苏秦深有感触地叹道：『同样是我这个人，富贵了亲人就害怕我，贫贱就受到轻视，亲人尚且是这样，何况是一般人呢！假如我在洛阳城边有二顷良田，我还能佩上六国相印吗？』于是他便把千金分赐给同族的人和朋友。当初，苏秦到燕国去，曾借别人一百钱作路费，到他富贵了，就用一百金偿还他，并普遍报答了所有曾有恩于他的人。随从中有一人独独没有得到报偿，于是上前主动申明。苏秦说：『我不是忘记了你。从前你和我一起到燕国去，走到易水，你再三要想抛弃我，那时我处境艰难，因而我深深地怨恨你，所以把你放在后边。现在你也算是得到报偿了。』

【原文】

苏秦既约六国从亲，归赵，赵肃侯封为武安君，乃投纵约出于秦。秦兵不敢门阙函谷关十五年。

其后秦使犀首欺齐、魏，与共伐赵，欲败从约。齐、魏伐赵，赵王让①苏秦。苏秦恐，请使燕，必报齐。苏秦去赵而从约皆解。

【注释】

①让：责备。

【译文】

苏秦已经约定六国合纵相亲之后，回到赵国，赵肃侯封他为武安君。于是苏秦把合纵的盟约送到秦国，秦国有十五年不敢出函谷关。

后来秦国派犀首欺骗齐、魏两国，和他们一起攻打赵国，想破坏合纵盟约。齐、魏攻打赵国，赵王责备苏秦。苏秦害怕，请求出使燕国，说一定要报复齐国。苏秦离开赵国以后，合纵盟约随之瓦解。

【原文】

秦惠王以其女为燕太子妇。是岁，文侯卒，太子立，是为燕易王①。易王初立，齐宣王因燕丧伐燕，取十城。易王谓苏秦曰：『往日先生至燕，而先王资先生见赵，遂约六国从。今齐先伐赵，次至燕，以先生之故为天下笑，先生能为燕得侵地乎？』苏秦大惭曰：『请为王取之。』

【注释】

①燕易王：燕国君，公元前 332 年至前 321 年在位。

【译文】

秦惠王把自己的女儿嫁给燕太子为妻。这一年，燕文侯去世，太子即位，称为燕易王。易王刚继位，齐宣王乘着燕国有丧事，发兵进攻燕国，夺取了十城。燕易王对苏秦说：『以前先生您到燕国，先王资助您去见赵王，于是约定六国合纵。现在齐国先进攻赵国，其次就轮到燕国，因为您的原因让天下耻笑，您能为燕国取回被侵占的土地吗？』苏秦非常惭愧地说道：『请让我为您把失地收回吧！』

【原文】

苏秦见齐王，再拜，俯而庆，仰而吊[1]。齐王曰：『是何庆吊相随之速也？』苏秦曰：『臣闻饥人所以饥而不食乌喙[2]者，为其愈[3]充腹而与饿死同患也。今燕虽弱小，即秦王之少婿也。大王利其十城而长与强秦为仇。今使弱燕为雁行而强秦敝[4]其后，以招天下之精兵，是食乌喙之类也。』齐王愀然[5]变色曰：『然则奈何？』苏秦曰：『臣闻古之善制事者，转祸为福，因败为功。大王诚能听臣计，即归燕之十城。燕无故而得十城，必喜；秦王知以己之故而归燕之十城，亦必喜。此所谓弃仇雠而得石交[6]者也。夫燕、秦俱事齐，则大王号令天下，莫敢不听。是王以虚辞附秦，以十城取天下。此霸王之业也。』王曰：『善。』于是乃归燕之十城。

【注释】

①弔：通『吊』，慰问遭遇不幸的人。②乌喙：即乌头，毛茛科，多年生草本，含乌头碱，有剧毒。③愈：通『偷』，苟且，暂时。④雁行：飞雁的行列。比喻走在行列的前面。敝：通『蔽』，掩蔽。⑤愀然：神色变得严肃的样子。⑥石交：交谊像石头一样坚固。

【译文】

苏秦去谒见齐王，行了再拜礼，低下头来表示庆贺，随着又抬起头表示哀悼。齐王说：『为什么你的庆贺和哀悼相继来得这么快啊？』苏秦说：『我听说饥饿的人即使很饥饿也不肯吃毒药乌头，是因为这东西虽然能暂时填饱肚子，却和饿死并没有什么两样。燕国虽然弱小，但燕王却是秦王的小女婿。大王贪图燕国十城，却长期和强大的秦国为仇。现在使弱小的燕国做先锋，秦国在后面打掩护，进而招引天下的精兵来攻击你，这和用乌头充饥实际上是一回事。』齐王忧虑地变了脸色说：『那么怎样办呢？』苏秦说：『我听说古来善于处理事情的人，能变祸事为好事，变失败为成功。大王真能听取我的建议，就把十城归还燕国。燕国无缘无故地收回十城，必然高兴；秦王知道您是因为他的缘故而归还燕的十城，也一定高兴。这叫作去掉仇敌而得到磐石一样的交谊。燕、秦都接受齐国的领导，大王对天下发号施令，就没人敢不听从。这样，大王只不过表面上做了个依附秦国的姿态，实际上却是用十城取得了天下。这真是霸王的伟业啊！』齐王说：『很好。』于是把十城归还给燕国。

【原文】

人有毁苏秦者曰：『左右卖国反覆之臣也，将作乱。』苏秦恐得罪归，而燕王不复官也。苏秦见燕王曰：『臣，东周之鄙人也，无有分寸之功，而王亲拜之于庙而礼之于廷①。今臣为王却②齐之兵而得十城，宜以益亲。今来而王不官臣者，人必有以不信伤臣于王者。臣之不信，王之福也。臣闻忠信者，所以自为也；进取者，所以为人也。且臣之说齐王，曾非欺之也。臣弃老母于东周，固去自为而行进取也。今有孝如曾参③，廉如伯夷④，信如尾生⑤。得此三人者以事大王，何若？』王曰：『足矣。』苏秦曰：『孝如曾参，义不离其亲一宿于外，王又安能使之步行千里而事弱燕之危王哉？廉如伯夷，义不为孤竹⑥君之嗣，不肯为武王臣，不受封侯而饿死首阳山⑦下。有廉如此，王又安能使之步行千里而行进取于齐哉？信如尾生，与女子期于梁下，女子不来，水至不去，抱⑧柱而死。有信如此，王又安能使之步行千里却齐之强兵哉？臣所谓以忠信得罪于上者也。』燕王曰：『若不忠信耳，岂有以忠信而得罪者乎？』苏秦曰：『不然。臣闻客有远为吏而其妻私⑨于人者，其夫将来，其私者忧之，妻曰：「勿忧，吾已作药酒待之矣。」居三日，其夫果至，妻使妾举药酒进之。妾欲言酒之有药，则恐其逐主母也；欲勿言乎，则恐其杀主父也。于是乎详僵⑩而弃酒。主父大怒，笞之五十。故妾一僵而覆酒，上存主父，下存主母，然而不免于笞，恶在乎忠信之无罪也夫？臣之过，不幸而类是乎！』燕王曰：『先生复就故官。』益厚遇之。

【注释】

①庙：宗庙，国君祭祀的地方。拜之于庙，表示郑重其事。廷：朝廷。②却：使之退却。③曾参：春秋后期鲁国南武城（今山东费县）人，字子舆，孔子弟子，以孝著称。④伯夷：商末孤竹君的长子。初，孤竹君以次子叔齐为继承人。孤竹君死，叔齐让位，伯夷不受。后二人都到周。周武王克商，二人又一起逃到首阳山，不食周粟而死。⑤尾生：古代传说中坚守信约的人。⑥孤竹：古国名，在今河北卢龙县南。⑦首阳山：即雷首山，在今山西永济市东南。

⑧抱：下当有『梁』字。⑨私：私通。⑩详：通『佯』，假装。僵：仆倒。

【译文】

有人诽谤苏秦说：『这是个左右摇摆，出卖国家，反复无常的奸臣，他将会作乱。』苏秦恐怕得罪，赶快回到燕国，燕王不让他任职。苏秦求见燕王说：『我本是东周的一个平民，没有一点功劳，而您亲自在宗庙里接见我，在朝廷上以礼相待。现在我为您说退了齐国的军队而收复了十城，您对我应更加亲近。现在我回到燕国，而您却不让我担任官职，必然有人以说话不老实的罪名在您面前中伤我。我不守信誉，乃是您的福分啊！我听说忠信只不过是为自己，进取才是为的别人。我去游说齐王，不是欺骗了他吗？我把年老的母亲丢在东周，这本来就是抛弃只顾自己的念头而去帮助别人实行进取。现在假如有人像曾参那样孝顺，像伯夷那样廉洁，像尾生那样守信，得到这样三个人来事奉大王，您觉得怎样？』燕王说：『足够了。』苏秦说：『像曾参那样孝顺的人，按理不会离开他的父母在外住一夜，您又怎么能使他步行千里来替弱小的燕国处在危险境地中的君王效劳呢？像伯夷那样廉洁，他的行为准则是不作孤竹君的继承人，不肯作周武王的臣子，不肯接受封侯的赏赐，而饿死在首阳山下。像这样廉洁的人，您又怎么能使他步行千里，到齐国去干一番进取的事业呢？像尾生那样守信用的人，和女子在桥下约会，女子没有来，大水来了也不肯离开，抱着柱子让水淹死。像这种守信用的人，您又怎么能够使他步行千里，去退却齐国的强兵呢？我正是那种因为忠信而得罪君王的人。』燕王说：『您本是个不忠诚的人，哪有因为忠诚而得罪的呢？』苏秦说：『话不是这么说。我听说有个到远方做官的人，他的妻子和别人私通。她的丈夫将要回来了，她的姘夫很担心。这个妻子说：「您不要担心，我已经准备好药酒等他了。」过了三天，她的丈夫果然回家，妻子叫侍妾捧着药酒让丈夫喝。

侍妾想说出酒里下了毒药，恐怕他会把女主人赶出去；想不说呢，又怕害死了男主人。于是假装跌倒而打翻了酒。男主人大怒，打了她五十鞭。所以，侍妾假装跌倒而泼了药酒，对上来说是保存了男主人，对下来说是保存了女主人，却不免遭到鞭打，怎么能说忠诚就不会得罪呢？我的罪过，不幸正和这个故事相同啊！』燕王说：『您还是担任原来的职务吧。』从此更加优待他。

【原文】

易王母，文侯夫人也，与苏秦私通。燕王知之，而事之加厚。苏秦恐诛，乃说燕王曰：『臣居燕不能使燕重，而在齐则燕必重。』燕王曰：『唯先生之所为。』于是苏秦详为得罪于燕而亡①走齐，齐宣王以为客卿②。

【注释】

①亡：逃亡。②客卿：别国的人在本国做官，其位为卿，而以客礼待之，故称客卿。

【译文】

燕易王的母亲是燕文侯的夫人，她和苏秦私通。燕易王知道了，对苏秦更加优待。苏秦恐怕被杀，就对燕王说：『我在燕国不能提高燕国的地位，我如在齐国，则定能使燕国受到重视。』燕王说：『您怎么办都行。』于是苏秦假装得罪了燕国而逃奔到齐国，齐宣王以他为客卿。

【原文】

齐宣王卒，湣王①即位，说湣王厚葬以明孝，高宫室大苑囿以明得意，欲破敝②齐而为燕。燕易王卒，燕哙③立为王。其后齐大夫多与苏秦争宠者，而使人刺苏秦，不死，殊而走④。齐王使人求贼，不得。苏秦且死，乃谓齐王曰：

『臣即死，车裂臣以徇[⑤]于市，曰「苏秦为燕作乱于齐」，如此则臣之贼必得矣。』于是如其言，而杀苏秦者果自出，齐王因而诛之。燕闻之曰：『甚矣，齐之为苏生报仇也！』

【注释】

①湣王：战国时齐国君，田氏，名地，齐宣王之子。②破敝：使之破败。③燕哙：即燕王哙，约公元前320年至前314年在位。④殊而走：带着致命伤逃跑。殊，死，这里指致命伤。⑤徇：示众。

【译文】

齐宣王死去，湣王继位。苏秦劝说湣王隆重地安葬宣王，以表示自己的孝思，高筑宫室，扩大苑囿，以显示自己的得意，他想以此损耗齐国，为燕国提供可乘之机。燕易王死去，燕哙继立为王。后来，齐国有许多大夫和苏秦争宠，派人暗杀苏秦，苏秦受了重伤，挣扎着逃走。齐王派人去抓凶手，没有抓到。苏秦快要死了，便对齐王说：『我如果死了，请您把我车裂了而在刑场上示众，并宣布说：「苏秦为了燕国在齐国作乱。」这样，那暗杀我的凶手就定能抓到了。』于是齐王照他的话办，暗杀苏秦的凶手果然自己露面，齐王就把他捉来处死。燕国听到这个消息说：『齐国这样为苏先生报仇，真太好啦。』

【原文】

苏秦既死，其事大泄。齐后闻之，乃恨怒燕。燕甚恐。苏秦之弟曰代，代弟苏厉，见兄遂，亦皆学。及苏秦死，代乃求见燕王，欲袭故事[①]。曰：『臣，东周之鄙人也。窃闻大王义甚高，鄙人不敏，释鉏耨而干[②]大王。至于邯郸，所见者绌[③]于所闻于东周，臣窃负[④]其志。及至燕廷，观王之群臣下吏，王，天下之明王也。』燕王曰：『子所谓明王者何如也？」对曰：「臣闻明王务闻其过，不欲闻其善，臣请谒⑤王之过。夫齐、赵者，燕之仇雠也；楚、魏者，燕之援国也。今王奉仇雠以伐援国，非所以利燕也。王自虑之，此则计过，无以闻者，非忠臣也。」王曰：「夫齐者固寡人之雠，所欲伐也，直患国敝力不足也。子能以燕伐齐，则寡人举⑥国委子。」对曰：「凡天下战国七，燕处弱焉。独战则不能，有所附则无不重⑦。南附楚，楚重；西附秦，秦重；中附韩、魏，韩、魏重。且苟所附之国重，此必使王重矣。今夫齐，长主而自用⑧也。南攻楚五年⑨，畜聚竭；西困秦三年⑩，士卒罢敝⑪；北与燕人战，覆三军，得二将⑫。然而以其余兵⑬南面举五千乘之大宋，而包十二诸侯⑭。此其君欲得，其民力竭，恶⑮足取乎！且臣闻之，数战则民劳，久师⑯则兵敝矣。」燕王曰：「吾闻齐有清济、浊河可以为固，长城、钜防足以为塞，诚有之乎？」对曰：「天时不与，虽有清济、浊河⑰，恶足以为固！民力罢敝，虽有长城、钜防⑱，恶足以为塞！且异日济西不师⑲，所以备赵也；河北⑳不师，所以备燕也。今济西河北尽已役矣㉑，封内㉒敝矣。夫骄君必好利，而亡国之臣必贪于财。王诚能无羞从子母弟㉓以为质，宝珠玉帛以事左右，彼将有德燕而轻亡宋㉔，则齐可亡已㉕。」燕王曰：「吾终以子受命于天矣。」

燕乃使一子质于齐㉖。而苏厉因燕质子而求见齐王。齐王怨苏秦，欲囚苏厉。燕质子为谢㉗，已遂委质㉘为齐臣。

【注释】

①袭故事：采用苏秦的老办法。②鉏：锄头。耨：除草器具。干：求。③绌：屈，引申为不如。④负：违背。⑤谒：说明，陈述。⑥举：以。⑦重：显得重要。⑧长主：年纪大的国君。自用：自以为是。⑨南攻楚五年：指齐、韩、魏三国因楚背叛了合纵之约而伐楚的事，见《楚世家》，在周赧王十二年（公元前303年）。两年后，秦又与齐、韩、魏共攻楚，杀楚将唐眛。又两年，孟尝君去齐相秦。攻楚之役，首尾共历五年。⑩西困秦三年：《帛书》第八章作「攻

秦三年』。此指周赧王十七年至十九年（公元前298年至前296年），齐、韩、魏三国攻秦入函谷事，见《六国年表》。⑪罢敝：疲乏。罢，通『疲』。⑫北与燕人战：指周赧王十九年（公元前296年）齐、燕权之战。覆三军，得二将：指齐国击溃燕军并擒获燕的两员将领。⑬余兵：长期从事征伐的军队。⑭包：囊括，统括。十二诸侯：指淮、泗之间的邹、鲁等小国。⑮恶：何，怎么。⑯久师：指上文所言的长期用兵。⑰清济浊河：济水清，河水浊，二水皆在齐西北境。济水发源于河南济源市，至山东利津县入海。河即黄河。⑱长城、钜防：长城即钜防。齐长城西起今山东西境平阴县，历泰山北岗，南达黄海北岸诸城市境之琅琊台入海，其建筑时代当在春秋之际。⑲济西：济水以西，指今山东聊城、高唐等县。不师：不征发兵役。⑳河北：指漯河以北，今天津市、河北沧县、景县一带。㉑尽已役矣：原来济西、河北不征兵，专门从事对付燕、赵，现在由于用兵不休，这两个地区的兵员都已征发。㉒封内：四境之内。㉓从：《战国策·燕策一》作『宠』，当从。宠子：宠爱的儿子。母弟：同母所生之弟。㉔轻亡宋：轻易出师以图灭宋。㉕已：语气词，表示肯定。㉖燕乃使一子质于齐：当依《燕策》作『燕王之弟质齐』，此处误记。此质子是燕昭王之弟襄安君。㉗谢：谢罪，道歉。㉘已：不久。委质：古代臣下向君主奉献礼物，表示确定君臣关系。质：通『贽』，旧时初和人见面时所送的礼物。

【译文】

苏秦死后，他为燕国削弱齐国的事情充分暴露。齐国知道了，对燕国非常不满。燕国极端恐惧。苏秦的弟弟苏代，苏代的弟弟苏厉，见到兄长这样得意，也都学习纵横之术。苏秦死后，苏代就去求见燕易王，想继承苏秦的旧业，说：

『我是东周一个普通的平民，听说大王的德行高尚，我不揣冒昧，放弃了耕种而来求见大王。我到了赵国的首都邯郸，所见到的和我在东周所听到的相差很远，我私下感到失望。后来到了燕国的宫廷，看到您的群臣和属吏，便知道大王您真是天下最贤明的君王啊！』燕王问道：『你所说的贤明的君主是什么样子呢？』苏代回答道：『我听说一个贤明君王总是愿意听取自己的过失，不愿只听别人称道自己的好处。我愿意指出你哪些地方错了。齐、赵是燕国的仇敌，楚、魏是燕国的后援国。现在您却要事奉仇敌来攻打援国，这是对燕国不利的。请您自己考虑，这种做法显然是错的，但却没有人告诉您，这显然不是忠臣。』燕王说：『齐国本来是我的敌人，我一直想要讨伐它，只是怕国家疲敝，力量不够。您要能以燕国攻打齐国，我愿把整个国家付托给您。』苏代回答说：『天下有力作战的大国有七个，燕国是比较衰弱的。单独与别国作战，力量不足；倘若依附谁，谁就会提高地位。向南去依附楚，楚国的声望就会提高。向西去依附秦，秦国的威望便加重；中间去依附韩、魏，韩、魏的声威就加重。如果所依附的国家威望提高，这必然使您的威望也提高了。谈到齐国，他的国君年纪大而又一意孤行。南边攻楚五年，积蓄消耗殆尽，向西困扰秦国三年，兵士疲敝不堪，北边和燕国作战，打败燕的三军，俘虏了两员将领。并且用它残余的兵力向南攻破拥有五千辆兵车的宋国，囊括了泗上十二诸侯。他的国君野心虽已得到相当满足，民力却已衰竭了。还能干什么呢！并且我听说：多次打仗，人民就劳累，军队长期在外，战士就很疲敝。』燕王说：『齐国有清济、浊河，便于固守，有长城、钜防，可以作为要塞，真是这样吗？』苏代回答说：『天时方面不能取得有利条件，虽然有清济、浊河，哪能固守呢！人民疲敝，虽然有长城、钜防，又怎能作为要塞呢！况且，齐国从前不从济水以西征兵，是为了防备赵国，不从河北征调军队，是为了防备燕国。现在济西、河北全都征兵了，全国都已经很疲敝了。骄横的君主必然贪利，亡国的臣子一定贪财。您如果不以把侄儿或弟弟送作人质感到羞愧，并以宝珠玉帛去拉拢齐王的亲信，齐国将会感激燕国而把灭亡宋国看得很容易，那么，齐国就可以被我们灭掉了。』燕王说：『我决心依靠您而接受上天的安排。』燕国就派了一个公子到齐国去做人质。苏厉通过燕国质子的关系求见齐王。齐王怨恨苏秦，想把苏厉囚禁起来。燕国的质子替他谢罪，随后苏厉也就委身作了齐国的臣子。

【原文】

燕相子之与苏代婚，而欲得燕权，乃使苏代侍质子于齐。齐使代报燕，燕王哙问曰：『齐王其霸乎？』曰：『不能。』曰：『何也？』曰：『不信其臣。』于是燕王专任子之，已而让位，燕大乱。齐伐燕，杀王哙、子之。燕立昭王①，而苏代、苏厉遂不敢入燕，皆终归齐，齐善待之。

【注释】

①昭王：名职，燕王哙的庶子。公元前311年至前279年在位。

【译文】

燕国的相国子之和苏代结成婚姻关系，想要取得燕国的政权，就派苏代到齐国去侍奉质子。齐王派遣苏代回国复命，燕王哙问他道：『齐王能称霸吗？』苏代回答说：『不能。』燕王问：『为什么？』回答说：『因为他不信任自己的臣子。』于是燕王让子之控制燕国的全权，不久又让位给他，引起了燕国大乱。齐国进攻燕国，杀掉了燕王哙和子之。燕国拥立了昭王。苏代、苏厉不敢再进入燕国，都归附了齐国，齐很优待他们。

【原文】

苏代过魏，魏为燕执代①。齐使人谓魏王曰：『齐请以宋地封泾阳君②，秦必不受。秦非不利有齐而得宋地也，不信齐王与苏子[3]也。今齐、魏不和如此其甚，则齐不欺秦。秦信齐，齐、秦合，泾阳君有宋地，非魏之利也。故王不如东苏子[4]，秦必疑齐而不信苏子[5]矣。齐、秦不合，天下无变，伐齐之形成矣。』于是出苏代。代之宋，宋善待之。

【注释】

①『苏代过魏』二句，《战国策·魏策一》作『苏秦拘于魏，欲走而之韩，魏氏闭关而不通』。②齐请以宋地封泾阳君：这是齐假设此策以营救苏子。泾阳君，秦昭王母弟，名悝。泾阳，地名，在今陕西泾阳县境。③不信齐王与苏子：秦怀疑齐将与魏联合。④东苏子：使苏子回到齐国。齐在魏的东方，所以这样说。东，使往东。⑤不信苏子：秦疑苏子联合齐、魏。

【译文】

苏代经过魏国，魏国替燕国拘留了苏代。齐国派人对魏王说：『齐国提出把宋国的土地封给秦王的弟弟泾阳君，秦国一定不肯接受。秦国并非不希望拉拢齐国和取得宋地的地盘，只不过是不相信齐王和苏代罢了。现在齐、魏不和到了如此严重的程度，那么，齐国就不会欺骗秦国。秦国也会相信齐国。齐、秦联合起来，泾阳君取得宋国土地，这是不利于魏国的，所以您不如让苏代东归齐国，秦国定会怀疑齐国而不相信苏代了。齐、秦不能联合，天下局势不发生变动，讨伐齐国的局面就会逐渐形成了。』于是魏国释放了苏代。苏代到了宋国，宋国很好地接待他。

【原文】

齐伐宋[1]，宋急，苏代乃遗燕昭王书曰：

【注释】

①『齐伐宋』，事在公元前286年。

【译文】

齐国进攻宋国，宋国危急，于是苏代写信给燕昭王说：

【原文】

夫列在万乘而寄质于齐①，名卑而权轻；奉万乘助齐伐宋，民劳而实费；夫破宋，残楚淮北，肥大齐②，雠强而国害：此三者皆国之大败③也。然且王行之者，将以取信于齐也。齐加不信于王，而忌燕愈甚，是王之计过矣。夫以宋加之淮北，强万乘之国也④，而齐并之，是益一齐也。北夷⑤方七百里，加之以鲁、卫，强万乘之国也，而齐并之，是益二齐也。夫一齐之强，燕犹狼顾而不能支，今以三齐临燕，其祸必大矣。

【注释】

①寄质于齐：指燕昭王派遣他的弟弟襄安君到齐作人质。②肥大齐：使齐国强大。『肥』『大』是同义词叠用。③大败：大祸。④『以宋加之淮北』二句，宋是五千乘之国，再加上淮北，则超过万乘之国。⑤北夷：族名，当为『九夷』之误。九夷之地在淮、泗之间，南与楚接境，东与泗上十二诸侯连接。

【译文】

燕国作为一个万乘大国，却派出人质寄居在齐国，名声低下而权势卑微，以整个燕国力量帮助齐国攻打宋国，人民疲劳而财力损耗。攻破宋国，侵犯楚国的淮北，使齐国壮大，敌人强大而自己的国家受害。这三种情况都是对国家的大害啊！然而您还是愿意这样办，无非是为了取得齐国的信任罢了。但齐国却更加不相信您，对燕国更加怀恨，这表明您的策略错了。宋国再加上淮北的地盘，力量超过万乘的大国，齐国把它吞并之后，等于增加了一个齐国。北夷的土地纵横七百里，加上鲁、卫两国的地方，也胜过一个万乘的大国，齐国把它们吞并之后，等于增加了两个齐国。以一个齐国的力量，燕国还担惊受怕而不能应付，现在以三个齐国的力量压到燕国头上，那祸害就一定很大了。

【原文】

虽然，智者举事，因祸为福，转败为功。齐紫，败素也[1]，而贾[2]十倍；越王勾践栖于会稽，复残强吴而霸天下：此皆因祸为福，转败为功者也。

【注释】

①齐紫，败素也：齐国的风俗喜欢紫色，商人用质量低劣的素帛染成紫色。②贾：通『价』。

【译文】

虽是这么说，但聪明人办事，能够变祸为福，转败为胜。比如齐国的紫色绢帛，本是用破旧的白绢染成，它们价格反而提高了十倍。越王勾践被困在会稽山，后来却击破强大的吴国而称霸天下。这都是变祸为福，转败为胜的事例啊！

【原文】

今王若欲因祸为福，转败为功，则莫若挑霸齐[1]而尊之，使使盟于周室，焚秦符[2]，曰：『其大上计，破秦；其次，必长宾之[3]。』秦挟宾[4]以待破，秦王必患之。秦五世[5]伐诸侯，今为齐下，秦王之志苟得穷齐，不惮以国为功。然则王何不使辩士以此言说秦王曰：『燕、赵破宋肥齐，尊之为之下者，燕、赵非利之也。燕、赵不利而势为之者，以不信秦王也。然则王何不使可信者接收燕、赵，令泾阳君、高陵君[6]先于燕、赵？秦有变，因以为质，则燕、赵信秦。秦为西帝，燕为北帝，赵为中帝，立三帝以令于天下。韩、魏不听则秦伐之，齐不听则燕、赵伐之，天下孰敢不听？天下服听，因驱韩、魏以伐齐，曰「必反宋地，归楚淮北」。反宋地，归楚淮北，燕、赵之所利也；并立三帝，燕、赵之所愿也。夫实得所利，尊得所愿，燕、赵弃齐如脱蹝[7]矣。今不收燕、赵，齐霸必成。诸侯赞齐而王不从，是国伐[8]也；诸侯赞齐而王从之，是名卑也。今收燕、赵，国安而名尊；不收燕、赵，国危而名卑。夫去尊安而取危卑，智者不为也。』秦王闻若说，必若刺心然。则王何不使辩士以此若言[9]说秦？秦必取，齐必伐矣。

【注释】

①挑：当依《战国策·燕策一》作『遥』。霸齐：推齐为诸侯之首。②符：两国间信使往来的凭证，通常用竹、木做成。③大上计：最好的计策。大，通『太』。长宾之：长期排斥。宾，通『摈』。④摈宾：遭受摈斥。⑤五世：指秦献公、孝公、惠文王、武王、昭襄王。⑥高陵君：名显，秦昭王母弟，高陵是他的封邑，在今陕西高陵县。⑦蹝：同『屣』，草鞋。⑧国伐：国家受到攻伐。⑨此若言：此言。『此』『若』是同义词迭用。

【译文】

现在您如果想要变祸为福，转败为胜，最好是推举齐国为霸主而尊重它，让各国派遣使臣在周室结盟，烧掉秦国的符节，宣告说：『最好的策略是攻破秦国，其次是永远排斥它。』秦受到排斥并时刻担心被别人攻破，秦王一定非常忧虑。秦国接连五代君主都是主动出击，现在反而屈居齐国之下，秦王的想法，只要能使齐国陷入困境，不难以全国力量相拼。既然是这样，您何不派遣一个说客用以下的话游说秦王道：『燕、赵两国攻破宋国，使齐国更加强大，尊重它并屈从它，燕、赵并不想从中得利。燕、赵既得不到利益却又势必要这样做，就是因为不相信秦王的缘故。那么，您为什么不派遣一个可信的人去拉拢燕、赵，派泾阳君、高陵君先到燕、赵两国去？如怕秦国的外交路线有变，就以他们二人作为人质，那么燕、赵必然相信秦国。秦国作西帝，燕作北帝，赵作中帝，树立三帝，向天下发号施令。韩、魏不服从，秦国就讨伐它；齐国不服从，燕、赵就讨伐它，天下还有谁敢不服从？天下都服从了，于是驱使韩、魏去讨伐齐国，说：'一定要交出宋国的土地，归还楚国的淮北。'交出宋国的土地，归还楚国的淮北，这是有利于燕、赵的。树立三帝，是燕、赵非常愿意的。这样，实际方面能得到利益，提高名声方面如愿以偿。燕、赵将像丢掉草鞋一样把齐国抛弃了。现在如您不拉拢燕、赵，齐国的霸业一定会成功。诸侯都拥护齐国而您不服从，国家将遭到攻伐；诸侯拥护齐国，您也一样服从，您的名声就卑下了。现在要是拉拢燕、赵，会使国家安定而名望崇高；不拉拢燕、赵，会使国家危险而名声低下。抛弃名尊国安的做法而选取国危名卑的做法，聪明人是不会这样干的。"秦王听了这个说法，心头一定感到刺痛。那么，您为什么不派说客用这番话去游说秦国？秦国定会被争取过来，齐国也定会受到讨伐了。

【原文】

夫取秦，厚交也；伐齐，正利也。尊厚交，务正利，圣王之事也。

燕昭王善其书，曰："先人尝有德苏氏，子之之乱而苏氏去燕。燕欲报仇于齐，非苏氏莫可。"乃召苏代，复善待之，与谋伐齐。竟破齐，湣王出走。

久之，秦召燕王，燕王欲往，苏代约[①]燕王曰："楚得枳而国亡[②]，齐得宋而国亡[③]，齐、楚不得以有枳、宋而事秦者，何也？则有功者，秦之深雠也。秦取天下，非行义也，暴也。秦之行暴，正告[④]天下。

【注释】

①约：此处作劝阻讲。②枳：今四川涪陵县。楚襄王攻巴得枳。国亡：指其后楚都鄢、郢相继被秦国攻战占。③齐得宋而国亡：齐灭宋在周赧王二十九年（公元前286年）。乐毅率五国之师破齐，在周赧王三十一年（公元前284年）。④正告：公开宣告。

【译文】

争取秦国，这是重要的外交；讨伐齐国，是正当的利益。处理好重要的外交，谋求正当的利益，这是圣王的事业啊！

燕昭王认为苏代这封信写得好，说：『先王曾对苏家有过恩德，后来由于子之的乱事，使得苏家弟兄离开了燕国。燕国要想向齐国报仇，非用苏家弟兄不可。』于是召回苏代，仍然很好地待他，和他商量讨伐齐国的大计，终于攻破齐国，使得齐湣王逃奔在外。

过了很久，秦国邀请燕王，燕王想前去，苏代劝阻燕王道：『楚国因得到了枳而使国家灭亡，齐国因取得宋国而使国家灭亡，齐、楚不能占有枳、宋而终于向秦国屈服，原因何在呢？那因为只要取得成功的国家，秦国都看成它的大敌。秦国夺取天下，不是靠行义，而是靠使用暴力。秦国使用暴力，公开地向天下宣告。

【原文】

『告楚曰：「蜀地之甲，乘船浮于汶①，乘夏水而下江②，五日而至郢。汉中之甲，乘船出于巴③，乘夏水而下汉④，四日而至五渚⑤。寡人积甲宛东下随⑥，智者不及谋，勇士不及怒，寡人如射隼⑦矣。王乃欲待天下之攻函谷，不亦远乎！」楚王为是故，十七年事秦。

【注释】

①汶：通『岷』，即岷江，长江上游支流，发源于岷山，流经今四川省西部及中部。②夏水：夏潦盛涨时的水。江：长江。③巴：水名，和汉水相近。④汉：水名，长江支流，源出今陕西宁强县，流经今陕南鄂西，在武汉市入长江。⑤五渚：地名，湘、资、沅、沣四水及洞庭湖一带。⑥积甲：聚集军队。宛：楚邑，今河南南阳市。随：邑名，在今湖北随州。⑦射隼：言必定获胜。隼，鹰类，猛禽。

【译文】

『秦警告楚国说：「蜀地的军队，乘船浮行于岷水之上，随着夏季的水势直入长江，五天就能到达楚的郢都。汉中的军队，乘船从巴水出来，趁夏季水势直入汉水，四天就能到达五渚。我在宛县以东聚集军队，向随州进军，楚国的智士还来不及提出对策，勇士还来不及发挥威力，我已像用飞箭射杀鹰隼一样迅速取得胜利，你还想等天下的军队攻打函谷关，不是为时过晚了吗！」楚王因为这个缘故，向秦臣服了十七年。

【原文】

『秦正告韩曰：「我起乎少曲①，一日而断太行②。我起乎宜阳而触平阳③，二日而莫不尽繇④。我离两周而触郑⑤，五日而国举⑥。」韩氏以为然，故事秦。

【注释】

①少曲：韩邑，今河南沁阳市西北，少水（今沁水）弯曲处。②断太行：太行，指太行山羊肠坂道。韩上党郡在太行山西侧，断太行之道就截断了上党与韩的联系。③触：攻击。平阳：韩邑，今山西临汾县，韩故都，韩王室

坟墓所在。④繇：戍守。⑤离：经历。两周：指东周、西周两小国。郑：韩国都城，在今河南新郑市。⑥国举：国都被攻占。

【译文】

『秦国警告韩国说：「我从少曲发兵，一天就可截断太行山的通道。我从宜阳发兵，攻击平阳，两天就会使韩国全境动摇。我穿越两周攻击新郑，五天就可攻占韩国。」韩国认为确是如此，所以向秦国臣服。

【原文】

『秦正告魏曰：「我举安邑①，塞女戟②，韩氏太原卷③。我下轵④，道南阳⑤，封冀⑥，包两周。乘夏水，浮轻舟，强弩在前，锬⑦戈在后，决荥口，魏无大梁⑧；决白马之口⑨，魏无外黄、济阳⑩；决宿胥之口⑪，魏无虚、顿丘⑫。陆攻则击河内，水攻则灭大梁。」魏氏以为然，故事秦。

【注释】

①安邑：战国初期魏国都，在今山西夏县西北。②女戟：地名，在太行山之西。③韩氏太原卷：太原当作『太行』。『卷』当为『绝』字之误。④轵：魏邑，在今河南济源市东南。⑤道：取道。南阳：地区名，属魏，当今河南济源至获嘉一带。⑥封：地名，即封陵，今山西风陵渡。冀：邑名，在今山西稷山县。⑦锬：通『铦』，锋利。戈，装有长柄，用于钩杀的兵器。⑧决荥口魏无大梁：『荥口』，荥泽之口。荥泽，古泽名，故址在今河南郑州市西北古荥北，魏都大梁在其东。荥之口与今汴河口通，其水深，可以灌大梁，所以说『无大梁』。大梁：魏都，在今河南开封市西北。⑨白马之口：即垝津，为黄河渡口之一，在今河南滑县东北。⑩外黄：魏邑，在今河南兰考东北。济阳：魏邑，

在今河南兰考东北。⑪宿胥口：黄河津渡之一，在今河南滑县西南。⑫虚、顿丘：均魏邑。虚在今河南延津县东南。顿丘在今河南清丰县西。

【译文】

『秦国警告魏国说：「我攻下安邑，堵住女戟，韩国通往太行山的路就会被截断。我从轵出发，经过南阳、封、冀，包围东西两周。趁着夏季的水势，乘着轻便的战船，强弓劲弩在前，利戈在后，决开荥口，魏国的大梁就不复存在；决开白马渡口，魏国的外黄、济阳就不复存在。决开宿胥渡口，魏国的虚、顿丘就不复存在。从陆上进攻，可以击破河内；水路进攻，可以毁灭大梁。」魏国认为确是如此，所以向秦国臣服。

【原文】

『秦欲攻安邑，恐齐救之，则以宋委于齐①。曰：「宋王②无道，为木人以象寡人，射其面。寡人地绝兵远，不能攻也。王苟能破宋有之，寡人如自得之。」已得安邑，塞女戟，因以破宋为齐罪。

【注释】

①以宋委于齐：《战国策》屡言齐欲攻宋，秦王非常不满，可见『以宋委齐』是夸大的说法，不是事实。②宋王：指宋王偃。

【译文】

『秦国想攻取安邑，害怕齐国援救，就把宋地丢给齐国，说：「宋王无道，做了一个像我的木偶，用箭射它的面孔。我的路途阻绝，军队遥远，没法去攻打他。您假如能攻破宋国并占有它，那就像我自己占有一样。」在秦国取得安邑，堵塞女戟之后，就反过来把攻破宋国作为齐国的罪过。

【原文】

『秦欲攻韩，恐天下救之，则以齐委于天下。曰：「齐王①四与寡人约，四欺寡人，必率天下以攻寡人者三。有齐无秦，有秦无齐，必伐之，必亡之。」已得宜阳、少曲，致蔺、离石②，因以破齐为天下罪。

【注释】

①齐王：指湣王。②蔺：邑名，在今山西离石区西。离石：邑名，今山西离石区。蔺、离石都是赵地，不属韩，此处叙述有误。

【译文】

『秦国想攻打韩国，害怕天下援助，就把齐国丢给天下，说：「齐国曾四次和我订立盟约，却四次欺骗我，三次下决心要率领天下攻击我。有齐国就没有秦国，有秦国就没有齐国，一定要讨伐它，灭亡它。」等到秦国取得了韩国的宜阳、少曲，占领了蔺和离石就反过来把攻破齐国作为天下各国的罪名。

【原文】

『秦欲攻魏重楚①，则以南阳②委于楚。曰：「寡人固与韩且绝矣。残均陵③，塞鄳阸④，苟利于楚，寡人如自有之。」魏弃与国而合于秦，因以塞鄳阸为楚罪。

【注释】

①重楚：忌惮楚国。②南阳：地区名，当今河南西南部一带。战国时分属楚、韩，此处指韩的南阳。③均陵：邑名，

在今湖北均县北。④鄢陁：楚国要塞，在今河南信阳西南平靖关。『陁』通『隘』。均陵、鄢陁并属楚，此文以为韩地。

【译文】

『秦国想进攻魏国，害怕楚国援助，就把南阳丢给楚国，说：「我本来就要与韩国绝交了。攻破均陵，堵塞鄢陁，只要有利于楚国，我就会像自己占有这些地方一样高兴。」等到魏国抛弃盟国转过去和秦国联合，于是把堵塞鄢陁作为楚国的罪过。

【原文】

『兵困于林中①，重燕、赵，以胶东②委于燕，以济西委于赵。已得讲③于魏，至公子延④，因犀首属行⑤而攻赵。

【注释】

①林中：地名，在河南新郑市东北，又称林、林乡。前283年，秦曾攻林中。②胶东：地区名，今山东胶莱河以东，三面环海之地。③讲：媾和。④至：当作『质』。公子延：魏公子。⑤属：连接。行：军队的行列。

【译文】

『秦国的军队在林中受困，怕燕、赵乘机攻击，就把胶东丢给燕国，把济水以西丢给赵国。等到与魏讲和，并以公子延作为人质之后，便用公孙衍连续攻打赵国。

【原文】

『兵伤于谯石①，而遇败于阳马②，而重魏，则以叶、蔡③委于魏。已得讲于赵，则劫魏④，魏不为割。困则使太后弟穰侯⑤为和，赢则兼欺舅与母⑥。

【注释】

①谯石：赵地名。不是县邑。②阳马：赵地名。不是县邑。③叶：邑名，在今河南叶县西南。蔡：邑名，即上蔡，在今河南上蔡西南。④劫魏：胁迫魏。⑤穰侯：即魏冉，秦昭王母宣太后弟，封于穰（今河南邓州市）。号穰侯。详见本书《穰侯列传》。⑥嬴：通『赢』，胜利。欺舅与母：指公元前266年，秦昭王采纳范雎建议，限制宣太后权力，罢穰侯相的事。

【译文】

『秦军在谯石受到挫折，又在阳马被打败，怕魏国乘机攻击，就把叶、蔡丢给魏国。一到和赵国讲和，就胁迫魏国，魏国不肯割地。处在困境时，就派太后的弟弟穰侯去讲和，顺利时，连舅舅与母亲都要欺侮。

【原文】

『適[1]燕者曰「以胶东」，適赵者曰「以济西」，適魏者曰「以叶、蔡」，適楚者曰「以塞鄳隘」，適齐者「以宋」。此必令言如循环，用兵如刺蜚[2]，母不能制，舅不能约。

【注释】

①適：通『谪』，谴责。②刺蜚：『蜚』，《国策》作『绣』。刺绣必交错绣成花纹，此比喻交错用兵。

【译文】

『秦国要责备燕国，便把攻打胶东作为罪名；责备赵国，便以夺取济西作为罪名；责备魏国，就把占领叶、蔡作为罪名；责备楚国，就把堵塞鄳隘作为罪名；责备齐国，就以攻打宋国作为罪名。它谴责各国，总会找到循环不断的借口。它把交错用兵看得像刺绣一样容易，母亲管不了，舅舅也不能约束。

【原文】

『龙贾之战①，岸门之战②，封陵之战③，高商之战④，赵庄之战⑤，秦之所杀三晋⑥之民数百万，今其生者皆死秦之孤⑦也。西河之外⑧，上雒之地⑨，三川⑩晋国之祸，三晋之半，秦祸如此其大也。而燕、赵之秦者⑪，皆以争事秦说其主，此臣之所大患也。』

【注释】

①龙贾之战：公元前330年，秦打败魏于雕阴，擒魏将龙贾。②岸门之战：公元前314年，秦打败韩于岸门（在今河南许昌市北）。③封陵之战：公元前302年，秦攻取魏封陵（在今山西风陵渡东）。④高商之战：此战事无考。⑤赵庄之战：公元前312年，秦将樗里疾攻赵，取蔺，擒赵将赵庄。⑥三晋：指韩、魏、赵三国。⑦死秦之孤：死于秦军者的遗孤。⑧西河之外：地区名，指黄河以西，北洛水（今陕西洛河）以东地，先为魏国所有，后归秦。⑨上雒之地：地区名，指洛水（今河南洛河）上游，今陕西洛南、商县一带，原为魏地。⑩三川：郡名，以境内有黄河、伊水、洛水三川而得名，原为韩地。⑪之秦者：亲秦的人。

【译文】

『和龙贾的战斗，岸门的战役，封陵的战役，高商的战役，和赵庄的战斗，秦国前后杀掉三晋的人民有好几百万，现在那些还活着的，都是被秦国杀死的人的遗孤。西河之外，上雒之地，三川一带受到秦国的攻击，去掉了晋国的一半，秦国带来的灾祸严重到了这种程度，而燕、赵亲秦的人都争相以事奉秦国劝说他的国君，这正是我最担忧的事。』

【原文】

燕昭王不行。苏代复重于燕。

燕使约诸侯从亲如苏秦时，或从或不[1]，而天下由此宗[2]苏氏之从约。代、厉皆以寿死，名显诸侯。

【注释】

①不：通『否』，不然。②宗：尊奉。

【译文】

燕昭王因此便不到秦国去了。苏代又受到燕国的重用。

燕国派苏代联络诸侯合纵抗秦，像苏秦在世时一样。有的参加，有的没有参与，天下从此推崇苏氏兄弟缔结的合纵盟约。苏代、苏厉都长寿而死，在诸侯间获得显赫的名声。

【原文】

太史公曰：苏秦兄弟三人，皆游说诸侯以显名，其术长于权变。而苏秦被反间[1]以死，天下共笑之，讳[2]学其术。然世言苏秦多异，异时事有类之者皆附之苏秦。夫苏秦起闾阎[3]，连六国从亲，此其智有过人者。吾故列其行事，次其时序，毋令独蒙恶声焉。

【注释】

①被反间：带着间谍的罪名。②讳：忌讳。③闾阎：里巷的门，借指民间。

【译文】

太史公说：苏秦兄弟三人，都通过游说诸侯获得显赫的名声，他们的本领是擅长权变。苏秦蒙受间谍的罪名而被处死，天下人都耻笑他，避免公开地学习他的策略。然而，世间对苏秦事迹的传说有分歧，后来的事有和他类似的，都附会到苏秦身上。苏秦起自民间，联合六国合纵相亲，他的智慧确有超过常人的地方。所以我列出他的事迹，按时间先后加以叙述，不让他只蒙受不好的名声。

孟尝君列传

【原文】

孟尝君名文，姓田氏。文之父曰靖郭君田婴。田婴者，齐威王少子而齐宣王庶①弟也。田婴自威王时任职用事，与成侯邹忌及田忌将而救韩伐魏②。成侯与田忌争宠，成侯卖③田忌。田忌惧，袭齐之边邑，不胜，亡走。会威王卒，宣王立，知成侯卖田忌，乃复召田忌以为将。宣王二年，田忌与孙膑④、田婴俱伐魏，败之马陵⑤，虏魏太子申⑥而杀魏将庞涓。宣王七年，田婴使于韩、魏，韩、魏服于齐。婴与韩昭侯⑦、魏惠王会齐宣王东阿南，盟而去。明年，复与梁惠王会甄⑧。是岁，梁惠王卒⑨。宣王九年，田婴相齐。齐宣王与魏襄王会徐州而相王⑩也。楚威王⑪闻之，怒田婴。明年，楚伐败齐师于徐州，而使人逐田婴。田婴使张丑⑫说楚威王，威王乃止。田婴相齐十一年，宣王卒，湣王⑬即位。即位三年，而封田婴于薛⑭。

【注释】

①齐威王：即田因齐。庶：姬妾所生之子女。②救韩伐魏：清梁玉绳在《史记志疑》中认为：『此指齐威王

二十六年（公元前331年）桂陵之役，是救赵非救韩也。且成侯不与田忌同将，《田完世家》甚明，当是田婴与田忌将而救赵伐魏耳，此误。』桂陵，在今河南长垣西北。③卖：诬陷。④孙膑：齐国人，战国著名军事家，孙武的后代。⑤马陵：邑名，在今河南范县西南。一说在今河北大名东南。⑥魏太子申：魏惠王太子。⑦韩昭侯：即韩武，韩懿侯之子，在位三十年（公元前362年至前333年）。⑧甄：邑名，在今山东鄄城县北。⑨梁惠王卒：按梁惠王三十六年（公元前334年）改元，继续统治魏国十六年。此云『梁惠王卒』，误。下文『徐州相王』事即在梁惠王后元元年（公元前334年），本书记作『魏襄王』，亦误。⑩相王：相互推尊承认王号。⑪楚威王：即熊商，楚宣王熊良夫之子，在位十一年（公元前339至前329年）。⑫张丑：战国谋士，曾在齐、魏为臣。⑬湣王：即田地（一说名遂），齐宣王之子，在位十七年（公元前300年至前284年）。⑭薛：邑名，在今山东藤县南。

【译文】

孟尝君名文，姓田。他的父亲为靖郭君田婴。田婴是齐威王的小儿子，齐宣王的庶弟。田婴从威王时就已任职当权，曾和成侯邹忌及田忌领兵救韩伐魏。成侯和田忌争着想得到威王的宠信，成侯诬陷田忌。田忌害怕了，袭击齐的边境城邑，打不赢，逃亡在外。恰逢威王去世，宣王即位，了解到成侯诬陷田忌，便又召回田忌为将。宣王二年（公元前318年），田忌和孙膑、田婴一起伐魏，在马陵大败魏军，俘虏魏太子申，杀了魏将庞涓。宣王七年（公元前313年），田婴出使韩、魏，韩、魏都顺服于齐国。田婴与韩昭侯、魏惠王和齐宣王在东阿南面相会，结盟之后离去。第二年，又与梁惠王在甄相会。就在这一年，梁惠王去世了。宣王九年（公元前311年），田婴任齐相。齐宣王与魏襄王相会于徐州，相互推尊为王。楚威王听到这消息，对田婴很生气。第二年，楚在徐州击败齐军，派人让齐国驱逐田婴。田婴派张丑去游说楚威王，威王这才罢休。田婴任齐相十一年，宣王去世，湣王即位。即位的第三年，封田婴于薛。

【原文】

初，田婴有子四十余人，其贱妾有子名文，文以五月五日生。婴告其母曰：『勿举①也。』其母窃举生②之。及长，其母因兄弟而见其子文于田婴。田婴怒其母曰：『吾令若③去此子，而敢生之，何也？』文顿首④，因曰：『君所以不举五月子者，何故？』婴曰：『五月子者，长与户齐，将不利其父母。』文曰：『人生受命于天乎？将受命于户邪？』婴默然。文曰：『必受命于天，君何忧焉。必受命于户，则可高其户耳，谁能至者！』婴曰：『子休矣。』

【注释】

①举：养育成人。②窃：私下。生：抚育。③若：你。④顿首：头叩地而拜。

【译文】

当初，田婴有儿子四十余人，他的贱妾有个儿子名文，田文是在五月五日出生的。田婴对田文的母亲说：『不要养大这孩子。』田文的母亲却偷偷把田文抚养大了。孩子长大后，他母亲乘他的兄弟晋见田婴的机会，让她的儿子田文出现在田婴面前。田婴对田文的母亲很生气，说道：『我让你抛弃这孩子，而你竟敢抚养他，这是为什么？』田文向父亲叩头，乘机问道：『您不养育五月里生的孩子，是什么原因呢？』田婴说：『五月里生的孩子，长到和门户一样高的时候，将对他的父母不利。』田文说：『人的命运是受之于天呢？还是受之于门户呢？』田婴默然无言。田文接着说道：『如果受命于天，那您忧虑什么！如果受命于门户，那您可以把门户增高，谁能长到那么高！』田婴说：『你不要再说下去了。』

【原文】

久之，文承间①问其父婴曰："子之子为何？"曰："为孙。""孙之孙为何？"曰："为玄孙。""玄孙之孙为何？"曰："不能知也。"文曰："君用事相齐，至今三王矣，齐不加广而君私家富累万金，门下不见一贤者。文闻将门必有将，相门必有相。今君后宫蹈绮縠而士不得裋褐②，仆妾余粱肉而士不厌糟糠③。今君又尚④厚积余藏，欲以遗所不知何人，而忘公家之事日损，文窃怪之。"于是婴乃礼文，使主家待宾客。宾客日进，名声闻于诸侯。诸侯皆使人请薛公田婴以文为太子⑤，婴许之。婴卒，谥为靖郭君。而文果代立于薛，是为孟尝君。

【注释】

①承间：趁机会。间，空隙。②后宫：宫中姬妾所居之处，在宫院的后半部。此用为姬妾的代称。蹈：踩。衣服长大，故可踩及。绮：素地织纹起花的丝织品。縠：绉纱一类轻薄精美的丝织品。裋：僮仆所穿的粗陋衣服。褐：粗毛或粗麻织成的短衣，贫贱者所服。③粱肉：泛指美食佳肴。"粱"为古代粟类的优良品种。厌：通"餍"，饱。糟糠：酒渣糠皮，泛指粗劣的食物。④尚：喜爱，追求。⑤太子：先秦时天子、诸侯或封君预定嗣位之子皆可称太子。

【译文】

隔了好久之后，田文利用某个机会问他父亲田婴道："儿子的儿子是什么？"回答说："是孙子。""孙子的孙子是什么？""是玄孙。""玄孙的孙子是什么？"田婴回答说："那就不能知道了。"田文说："您当政为齐相，至今经历了三位君王，齐国的土地未见扩大而您私家的财富积累已达万金，门下却看不到一位贤能的人。我听说，将门必有将，相门必有相。现在您后宫姬妾脚下踩着绮縠，可是士人却穿不上一件粗布衣服；您家的仆妾有吃不完的美味佳肴，可是士人连糟糠都吃不饱。现在您还在热衷于增加积蓄，扩充贮藏，想要传给您所不知道是谁的人，却忘记了公家的事业在一天天地受到损害，我私下对此实在觉得不可理解。』于是田婴对田文大加礼遇，让他主持家事，接待宾客。从此宾客一天天地多起来，田文的名声传扬到了诸侯中间。诸侯都派人来请薛公田婴立田文为太子，田婴答应了。田婴去世，谥为靖郭君，而田文果真在薛代立，他就是孟尝君。

【原文】

孟尝君在薛，招致诸侯宾客及亡人①有罪者，皆归孟尝君。孟尝君舍业厚遇②之，以故倾③天下之士。食客数千人，无贵贱一与文等。孟尝君待客坐语，而屏风后常有侍史④，主记君所与客语，问亲戚居处。客去，孟尝君已使使存问⑤，献遗⑥其亲戚。孟尝君曾待客夜食，有一人蔽火光。客怒，以饭不等⑦，辍食辞去。孟尝君起，自持其饭比之。客惭，自刭。士以此多归孟尝君。孟尝君客无所择，皆善遇之。人人各自以为孟尝君亲己。

【注释】

①亡人：逃亡在外的人。②舍业：为之修筑房舍建立家业。遇：接待。③倾：使之尽归于己。④屏风：室内所设用以挡风或隔断视线的用具。侍史：担任文书工作的侍从人员。⑤存问：问候，慰问。⑥献遗：指奉赠财物。⑦以为。不等：不一样。

【译文】

孟尝君在薛时，招纳诸侯宾客以及流亡在外的人。为他们修建房屋，建立家业，因此天下之士皆归附他。食客达数千人，不管出身高贵及低贱，都与孟尝君平等。孟尝君与客人谈话时，屏风后常有侍从人员，主要记载与孟尝君谈话的宾客亲戚的住所。客人离开后，孟尝君已经派人带着礼物慰问过他的亲戚了。有一晚孟尝君招待客人，有一客吃饭处无灯光。客人很生气，以为饭不一样，不吃饭就要告辞离开。孟堂君站起来，端起自己的饭与客人比对，客人很惭愧，自杀了。宾客因此多归附孟尝君。孟尝君不选择客人，对每个人都很好。在宾客心中，也自以为孟尝君对自己最好。

【原文】

秦昭王①闻其贤，乃先使泾阳君②为质于齐，以求见孟尝君。孟尝君将入秦，宾客莫欲其行，谏，不听。苏代③谓曰：『今旦代从外来，见木禺人④与土禺人相与语。木禺人曰：「天雨，子将败⑤矣。」土禺人曰：「我生于土，败则归土。今天雨，流子而行，未知所止息也。」今秦，虎狼之国也，而君欲往，如有⑥不得还，君得无为土禺人所笑乎？』孟尝君乃止。

【注释】

①秦昭王：即嬴稷（一作『则』），秦武王异母弟，在位五十六年（公元前306年至前251年）。②泾阳君：即公子市，秦昭王同母弟，封于泾阳（今陕西泾阳西北），故称。③苏代：洛阳（今河南洛阳市东）人，苏秦之弟。按《战国策·齐策三》，设喻劝阻孟尝君入秦者乃苏秦。④木禺人：木制的偶人。禺，通『偶』。⑤败：毁坏。⑥如有：如或，如果。

【译文】

秦昭王听说孟尝君贤能，便先派泾阳君到齐国作人质，以便能请孟尝君到秦国相见。孟尝君准备入秦，门下宾客没有一个愿他成行，纷纷劝阻，孟尝君不听。苏代对孟尝君说：『今天早晨我从外面来，看见木偶人和土偶人相互在谈话。木偶人说：「天一下雨，你就全毁了。」土偶人说：「我从泥里生，毁了就回到泥里去。如果天下雨，冲着你四处漂流，还不知道流到哪里为止呢。」当今秦国，是个像虎狼般凶恶的国家，而您却想到那里去，万一不能回来，您岂不是要被土偶人所讥笑吗？』孟尝君这才打消了入秦的念头。

【原文】

齐湣王二十五年，复卒使孟尝君入秦，昭王即以孟尝君为秦相。人或说秦昭王曰：『孟尝君贤，而又齐族也，今相秦，必先齐而后秦，秦其危矣。』于是秦昭王乃止。囚孟尝君，谋欲杀之。孟尝君使人抵昭王幸姬①求解。幸姬曰：『妾愿得君狐白裘②。』此时孟尝君有一狐白裘，直③千金，天下无双，入秦献之昭王，更无他裘。孟尝君患之，遍问客，莫能对。最下坐有能为狗盗者，曰：『臣能得狐白裘。』乃夜为狗，以入秦宫臧④中，取所献狐白裘至，以献秦王幸姬。幸姬为言昭王，昭王释孟尝君。孟尝君得出，即驰去，更封传⑤，变名姓以出关。夜半至函谷关⑥。秦昭王后悔出孟尝君，求之已去，即使人驰传⑦逐之。孟尝君至关，关法鸡鸣而出客，孟尝君恐追至，客之居下坐者有能为鸡鸣，而鸡齐鸣，遂发传出⑧。出如食顷⑨，秦追果至关，已后孟尝君出，乃还。始孟尝君列此二人于宾客，宾客尽羞之，及孟尝君有秦难，卒此二人拔⑩之。自是之后，客皆服。

【注释】

①抵：拜访。幸姬：受宠爱的侍妾。②狐白裘：以狐腋下之白色皮毛制成的皮服，精美难得。③直：通『值』，价值。④臧：仓库。⑤封传：官府所发的过关及投宿驿站的凭证。⑥函谷关：在今河南灵宝东北。⑦驰传：驾乘传车急行。

传车，古代驿站的专用车辆。⑧发传：出示封传。⑨食顷：吃一顿饭的工夫，形容时间很短。⑩拔：解救。

【译文】

齐湣王二十五年（公元前299），最终还是派孟尝君到了秦国，秦昭王立即拜孟尝君为秦相。有人劝说秦昭王道：『孟尝君贤能，又是齐国王族，现在作秦相，必然先考虑齐国的利益而后才想到秦国，秦国恐怕要遭到危险了。』于是秦昭王便免除了孟尝君的相位。他把孟尝君囚禁起来，想要杀害他。孟尝君派人去进见昭王的宠姬求救，宠姬说：『我想得到孟尝君的狐白裘。』其时孟尝君确有一件狐白裘，价值千金，天下无双，只是入秦时已经献给昭王，再没有第二件了。孟尝君十分为难，遍问宾客，无人能有对策。客座最下边有一位能伪装成狗进行偷盗的宾客，他说：『我能得到那件狐白裘。』于是在夜晚像狗那样潜入秦宫仓库里，把那件献给昭王的狐白裘取了回来，孟尝君拿去献给秦王宠姬。宠姬在昭王面前为孟尝君说情，昭王便释放了他。孟尝君获释后，立即快马离去，更换封传，改变姓名，以便出关。夜半时分，终于抵达函谷关。秦昭王后悔释放了孟尝君，派人找他，可他已经离开，便立即派人驰传去追。孟尝君到了函谷关，不料关法规定，要鸡鸣之后才放人出关。孟尝君十分担心追兵赶到，这时居于下座的宾客中有一位会学鸡叫，他一学叫，所有的鸡都叫了起来，孟尝君一行人便出示封传顺利出关。出关不到一顿饭工夫，秦国追兵果然赶到关前，但已落在孟尝君出关之后，只好返回。早先孟尝君把会狗盗、鸡鸣的这两个人列为宾客，其他宾客都觉得很不光彩。等到孟尝君经历入秦的患难，最后竟还是靠这两个人才脱离险境，从此之后，宾客们也都服气了。

【原文】

孟尝君过赵，赵平原君客之。赵人闻孟尝君贤，出观之，皆笑曰：『始以薛公为魁然①也，今视之，乃眇小丈夫[2]耳。』孟尝君闻之，怒。客与俱者下，斫击杀数百人，遂灭一县以去。

【注释】

①魁然：高大，魁伟。②眇小：矮小。丈夫：成年男子的通称。

【译文】

孟尝君经过赵国，赵平原君以客礼相待。赵国人听说孟尝君贤能，都出来观看，不禁笑道：『原先以为薛公身材魁伟，今天看到了，却不过是个矮小的汉子罢了。』孟尝君听到后，非常愤怒。和他一起到赵国的宾客便出来砍杀了数百人，灭掉了一县才离去。

【原文】

齐湣王不自得[1]，以其遣孟尝君。孟尝君至，则以为齐相，任政。

【注释】

①不自得：心中不安，内疚。

【译文】

齐湣王因为派遣孟尝君入秦而内疚不安。等孟尝君一回来，就任命他为齐相，让他处理国政。

【原文】

孟尝君怨秦，将以齐为韩、魏攻楚，因与韩、魏攻秦，而借兵食于西周[1]。苏代为西周谓曰：『君以齐为韩、魏攻楚九年，取宛、叶[2]以北以强韩、魏，今复攻秦以益之。韩、魏南无楚忧，西无秦患，则齐危矣。韩、魏必轻齐畏秦，臣为君危之。君不如令敝邑深合③于秦，而君无攻，又无借兵食。君临函谷而无攻，令敝邑以君之情谓秦昭王曰「薛公必不破秦以强韩、魏。其攻秦也，欲王之令楚王割东国④以与齐，而秦出楚怀王⑤以为和」。君令敝邑以此惠秦，秦得无破而以东国自免也，秦必欲之。楚王得出，必德齐。齐得东国益强，而薛世世无患矣。秦不大弱，而处三晋⑥之西，三晋必重齐。』薛公曰：『善。』因令韩、魏贺秦，使三国无攻，而不借兵食于西周矣。是时，楚怀王入秦，秦留之，故欲必出之。秦不果出楚怀王。

【注释】

①西周：周考王所封诸侯国名，开国君主西周桓公名揭，周考王弟，治河南（今河南洛阳市西）。因其在王都洛阳（今河南洛阳市东）之西，故称西周。它是战国时的小国，秦昭王五十一年（公元前256年）为秦所灭。②宛：邑名，在今河南南阳市。叶：邑名，在今河南叶县南。③敝邑：对自己国家的谦称。合：交好。④楚王：指楚顷襄王熊横，楚怀王之子，在位三十六年（公元前298年至前263年）。东国：指楚国东部地区，与齐南境相邻。⑤楚怀王：即熊槐，楚威王熊商之子，在位三十年（公元前328年至前299年）。怀王三十年，受骗入秦，被秦扣留，于楚顷襄王三年（公元前296年）死在秦国。⑥三晋：指韩、赵、魏三国。

【译文】

孟尝君怨恨秦国，因为齐国曾经帮助韩、魏攻伐过楚国，便准备要求韩、魏一起来攻秦，并向西周商借武器、食粮。苏代为西周向孟尝君进言道：『您以齐国之力帮助韩、魏攻楚九年，夺取了宛、叶以北的土地从而增强了韩、魏的力量，现在还要通过攻秦去进一步加强他们。韩、魏南面不忧虑楚国，西面不担心秦国，那么齐国就危险了。韩、魏必然会轻视齐国而畏惧秦国，我为您感到危险。您不如让敝邑和秦国深深结交，您不要去攻秦，也不要来借武器、食粮。他您兵临函谷关而不发起攻击，让敝邑把您的意图告诉秦昭王说：「薛公一定不会击破秦国去增强韩、魏力量的。他来进攻秦国，无非希望您能让楚王把东部领土割给齐国，而您则释放楚怀王，与楚国重归于好。」您让敝邑以此给秦国一点好处，秦能不被击破而通过牺牲楚国的东部领土来自免于难，秦国一定愿意。楚王能获释放，一定对齐感恩戴德。齐得到了楚国东部领土，必将更加强大，薛也就世世无所忧虑了。由于秦国没有受到大的削弱，又处在三晋之西，三晋就必然会借重齐国。』薛公说：『好。』于是让韩、魏贺秦，使三国不发动攻击，也不向西周商借武器、食粮了。当时楚怀王入秦，秦国把他扣留了下来，所以总想一定要让怀王离开秦国。但秦国最终还是没有释放楚怀王。

【原文】

孟尝君相齐，其舍人魏子为孟尝君收邑入①，三反②而不致一入。孟尝君问之，对曰：『有贤者，窃假③与之，以故不致入。』孟尝君怒而退④魏子。居数年，人或毁⑤孟尝君于齐湣王曰：『孟尝君将为乱。』及田甲劫⑥湣王，湣王意疑孟尝君，孟尝君乃奔⑦。魏子所与粟贤者闻之，乃上书言孟尝君不作乱，请以身为盟⑧，遂自刭宫门以明孟尝君。湣王乃惊，而踪迹验问⑨，孟尝君果无反谋，乃复召孟尝君。孟尝君因谢病⑩，归老于薛。湣王许之。

【注释】

①舍人：在身边侍从的亲近的门客。魏子：姓魏，史略其名。『子』为对人的泛称。邑入：封邑的租税收入。②反：通『返』。③假：借。④退：辞退。⑤毁：诽谤。⑥田甲：齐国大臣，余不详。劫：用暴力威胁，强逼。⑦奔：逃亡。⑧盟：在神前立誓。古代盟誓，需杀牲取血，以示诚信。以身为盟，指杀身立誓。⑨踪迹：追踪。验问：考察调查。

⑩谢病：推托有病而引退。

【译文】

孟尝君任齐相时，他的舍人魏子为他收取封邑的租税，往返三次而没有交来一笔收入。孟尝君问他，他回答说：『碰到一位贤者，我把收到的粟米私自作主借给了他，所以没能把收入交给您。』孟尝君很生气，辞退了魏子。几年之后，有人在齐湣王面前诽谤孟尝君说：『孟尝君将要作乱。』等到田甲威逼齐湣王，湣王怀疑是出于孟尝君的指使，孟尝君只得出走。这时魏子曾借粟给他的那位贤者听到这消息，便上书说明孟尝君不会作乱，请以自己的生命立誓，于是在宫门之前自刎而死，以证明孟尝君的无辜。湣王大吃一惊，再根据线索查验了解，孟尝君果真没有反叛的阴谋，于是重新召回孟尝君。孟尝君就此机会托病请求解职回薛养老，湣王答应了。

【原文】

其后，秦亡将吕礼[1]相齐，欲困[2]苏代。代乃谓孟尝君曰：『周最[3]于齐，至厚也，而齐王逐之，而听亲弗[4]相吕礼者，欲取秦[5]也。齐、秦合，则亲弗与吕礼重矣。有用[6]齐、秦必轻君。君不如急北兵[7]，趋[8]赵以和秦、魏，收周最以厚行[9]，且反齐王之信[10]，又禁天下之变。齐无秦，则天下集齐，亲弗必走，则齐王孰与[11]为其国也！』于是孟尝君从其计，而吕礼嫉害[12]于孟尝君。

【注释】

①吕礼：秦之五大夫，秦昭王十三年（公元前294年）离秦至魏，后又至齐，任齐相。昭王十九年（公元前288年）归秦。五大夫为秦爵第九级。②困：使处于困境。③周最：周之公子，曾于齐、魏为臣。④亲弗：姓亲名弗。《战国策》

作『祝弗』。⑤取秦：结好于秦。⑥有用：受到重用。⑦急北兵：急速向北方出兵。⑧趣：促使。⑨厚行：提高声誉。⑩反齐王之信：齐王逐周最，相吕礼，以结好于秦。今收留周最，使齐王不得取信于秦，故云『反齐王之信』。⑪孰与：与哪一个人。⑫嫉害：憎恨，认为于己有害。

【译文】

其后，从秦国逃亡出来的将军吕礼做了齐相，想使苏代陷入困境。苏代便对孟尝君说：『周最对于齐国，感情很深，但齐王赶走了他，反而听信亲弗的话，以吕礼为相，目的是想结好于秦国。齐、秦联合，亲弗和吕礼的地位就重要了。他们一得势，齐、秦必然轻视您。您不如急速调兵北上，促使赵国去跟秦、魏和好，同时您收留周最以提高您的声誉，并可使齐王失信于秦，又能制止天下形势发生不利于您的变化。齐国离开了秦国，东方各国就会靠拢齐国，亲弗必然在齐国难以立足而出走，那么齐王靠谁来治理他的国家呢！』孟尝君听从了他的计谋，而吕礼从此对孟尝君十分憎恨。

【原文】

孟尝君惧，乃遗秦相穰侯魏冉①书曰：『吾闻秦欲以吕礼收齐②，齐，天下之强国也，子必轻矣。齐秦相取以临③三晋，吕礼必并相矣，是子通齐以重吕礼也。若齐免于天下之兵，其雠子必深矣。子不如劝秦王伐齐。齐破，吾请以所得封子。齐破，秦畏晋④之强，秦必重子以取晋。晋国敝于齐⑤而畏秦，晋必重子以取秦。是子破齐以为功，挟晋以为重；是子破齐定封，秦、晋交⑥重子。若齐不破，吕礼复用，子必大穷⑦。』于是穰侯言于秦昭王伐齐，而吕礼亡。

【注释】

①穰侯魏冉：秦昭王母宣太后之异父弟，自秦惠王、秦武王时任职用事，后又拥立昭王。昭王年幼，宣太后当

权，任魏冉为政，多次任秦相，封于穰（今河南邓州市），又益封陶（今山东定陶西北），号穰侯。他举白起为将，攻伐魏、韩、楚、赵、齐等国，秦益强，魏冉权倾一国。昭王四十一年（公元前266年），改用范雎为相。魏冉免相，出关回到陶邑，卒于陶。详见本书《穰侯列传》。②收齐：拉拢、结交齐国。③临：此指以武力逼迫，威胁。④晋：此指三晋。⑤敝于齐：在与齐交战中受损困顿。⑥交：交相，都。⑦穷：困窘。

【译文】

孟尝君很害怕，于是他给秦国丞相穰侯魏冉写了一封信说：『我听说秦国想通过吕礼结交齐国，齐国是天下的强国，如果事情成功的话，您必定受轻视。齐秦联合而与三晋交兵，吕礼必定受重视而担任两国的丞相，这是您结交齐国而使吕礼受重用啊。如果齐国不参与这场战争，国君必定会深怪你。您不如劝秦王攻打齐国。齐国被攻破之后，我会为你请封地。齐国被攻破之后，秦国害怕三晋之强，必定会重用你伐取晋国。晋国在与齐国交战中受困而害怕秦国，必定会重用您来讨好秦国。这样您就可以破齐作为自己的功劳，挟晋以使自己受重用；是您将破齐国定封号，秦国、晋国交相重用您。如果齐国不被攻破，吕礼复受重用，您必受大困。』于是穰侯向秦昭王进言攻打齐国，吕礼知道后逃亡了。

【原文】

后齐湣王灭宋①，益骄，欲去孟尝君。孟尝君恐，乃如魏。魏昭王②以为相，西合于秦、赵，与燕共伐破齐③。齐湣王亡在莒④，遂死焉⑤。齐襄王⑥立，而孟尝君中立于诸侯，无所属。齐襄王新立，畏孟尝君，与连和，复亲薛公。文卒，谥为孟尝君。诸子争立，而齐魏共灭薛。孟尝绝嗣无后也。

【注释】

①齐湣王灭宋：时在公元前286年，宋王名偃。②魏昭王：即魏遬，魏襄王子，在位十九年（公元前295年至前277年）。③与燕共伐破齐：时在公元前284年，主帅为燕将乐毅。④莒：邑名，在今山东莒县。⑤遂死焉：楚国派淖齿率军救齐，淖齿被任为齐相，欲与燕人瓜分齐国，便杀死了齐湣王。⑥齐襄王：即田法章，齐湣王子，在位十九年（公元前283年至前265年）。

【译文】

后来齐湣王灭了宋国，更加骄傲，想除去孟尝君。孟尝君害怕起来，便到了魏国。魏昭王命他为相，西面联合秦、赵，和燕国一起击破齐国。齐湣王逃亡到莒，死在那里。齐襄王即位，这时孟尝君在诸侯中间保持中立，不依附于谁。齐襄王新即位，畏惧孟尝君，跟他连和，重新亲近这位薛公。田文死后，谥为孟尝君。他的几个儿子你争我夺，都想立为薛公，齐、魏联合起来把薛灭了。孟尝君绝了继承者，没有后代。

【原文】

初，冯驩①闻孟尝君好客，蹑蹻②而见之。孟尝君曰：『先生远辱③，何以教文也？』冯驩曰：『闻君好士，以贫身归于君。』孟尝君置传舍④十日，孟尝君问传舍长⑤曰：『客何所为？』答曰：『冯先生甚贫，犹有一剑耳，又蒯缑⑥。弹其剑而歌曰「长铗归来⑦乎，食无鱼」。』孟尝君迁之幸舍，食有鱼矣。五日，又问传舍长。答曰：『客复弹剑而歌曰「长铗归来乎，出无舆⑧」。』孟尝君迁之代舍，出入乘舆车矣。五日，孟尝君复问传舍长。舍长答曰：『先生又尝弹剑而歌曰「长铗归来乎，无以为家」。』孟尝君不悦。

【注释】

①驩：《战国策》作『谖』。②蹑：踩，此指穿着。蹻：草鞋。③远辱：承蒙您远道而来。辱，谦辞。④传舍：此指供一般食客住宿的客舍。待遇高的食客居『幸舍』，待遇更高的居『代舍』。⑤传舍长：客舍的总管。⑥蒯：草名，其茎可供编织。缑：缠在剑柄上的丝绳。蒯缑：以蒯为绳，缠绕剑柄。⑦铗：剑。一说剑把。来：语气助词。⑧舆：车厢，此泛指车。

【译文】

当初，冯驩听说孟尝君好客，穿着草鞋，长途跋涉来见他。孟尝君说：『先生远道光临，可有什么开导我的吗？』冯驩说：『听说您好士，我因家贫，特来投奔。』孟尝君把他安置在传舍，十天后，孟尝君问传舍长道：『这位客人干些什么？』回答说：『冯先生穷得很，随身只还剩一柄剑而已，可又是用草绳缠的剑把。他弹剑唱道：「长剑啊，归去吧，我在这里吃饭没有鱼。」』孟尝君让他迁入幸舍，吃饭有鱼了。五天后，又问传舍长。传舍长回答说：『这位客人又弹剑唱道：「长剑啊，归去吧，我在这里出门没有车。」』孟尝君再把他迁到代舍，进出乘上车了。五天后，孟尝君又问传舍长。传舍长回答道：『冯先生又曾弹剑唱道：「长剑啊，归去吧，我在这里没有钱养家。」』孟尝君听了很不高兴。

【原文】

居期年[1]，冯驩无所言。孟尝君时相齐，封万户于薛。其食客三千人，邑入不足以奉客[2]，使人出钱[3]于薛。岁余不入，贷钱者多不能与其息，客奉将不给[4]。孟尝君忧之，问左右：『何人可使收债于薛者？』传舍长曰：『代舍客冯公形容状貌甚辩⑤，长者⑥，无他伎能，宜可令收债。』孟尝君乃进冯驩而请之曰：『宾客不知文不肖⑦，幸临文者三千余人，邑入不足以奉宾客，故出息钱⑧于薛。薛岁不入，民颇不与其息。今客食恐不给，愿先生责⑨之。』冯驩曰：『诺。』辞行，至薛，召取孟尝君钱者皆会，得息钱十万。乃多酿酒，买肥牛，召诸取钱者，能与息者皆来，不能与息者亦来，皆持取钱之券书合之⑩。齐为会，日杀牛置酒。酒酣，乃持券如前合之，能与息者，与为期⑪；贫不能与息者，取其券而烧之。曰：『孟尝君所以贷钱者，为民之无者以为本业⑫也；所以求息者，为无以奉客也。今富给者以要期⑬，贫穷者燔券书以捐⑭之。诸君强⑮饮食。有君如此，岂可负⑯哉！』坐者皆起，再拜。

【注释】

①期年：周年，一年。②奉客：招待客人。③出钱：指放债。④不给：供给不上。⑤形容：形状容貌。辩：能言善道，口才好。⑥长者：稳重厚道的人。⑦不肖：不贤，不才。⑧出息钱：指放债。债可生息，故称。⑨责：索取。⑩券书：此指借据。古代券书分为两半，债权人和债务人各执其一作为凭证。合之：将此两半相合，以当面验证。⑪为期：确定（交钱的）日期。⑫本业：指农桑之事，农业。一说本句『者』字疑是衍文，『为民之无以为本业也』与下句『为无以奉客也』相对为文。⑬富给：富裕。要期：约定日期。⑭捐：舍弃，废弃。⑮强：勉力，努力。⑯负：背弃，辜负。

【译文】

住了一年，冯驩没有再说什么。孟尝君当时为齐相，封于薛，有万户人家。孟尝君有食客三千人，封邑的收入不足以招待这些客人，便派人到薛放债。一年多没有收入，借钱的人多数连利息也付不出，对客人的招待将难以为继。孟尝君很为忧虑，问身边的人：『哪一位客人可以派到薛去收债？』传舍长说：『代舍客人冯公，看他的相貌举止，似乎能言善辩，是个厚道人，没有别的本领，派他去收债倒是合适的。』孟尝君便请来冯驩，对他说道：『宾客不知我不贤，光临我这里的有三千多人，我封邑的收入不足以招待宾客，所以在薛放了些债。一年来薛地的债款一无所入，百姓很多连利息都不付。如今宾客的饭食恐怕要难以供应，所以想请先生去收回这些欠款。』冯驩答应道：『是。』告辞出发，来到薛邑，召集借了孟尝君债的人都来相会，收得债款十万。于是多多地备了美酒，买了肥牛，召集借过债的人，能付利息的都来，不能付利息的也来，都拿借据来对证核实。大家一起相会，天天杀牛备酒。酒喝到兴头上，冯驩拿出借据像上次那样对证核实，对能付利息的，和他约定付息的日期；穷得连利息都付不出的，拿过借据来当场烧毁。冯驩说：『孟尝君所以借钱给你们，是因为无钱的百姓可以借此来从事生产；所以要收取利息，是因为他没钱来招待宾客。现在对家境富裕些的，约期付息还债；对无力付息的穷人，烧掉借据，取消债务。诸位多喝多吃一些。有这样一位主人，怎么能辜负他的美意呢！』在座的人全都站了起来，再拜致谢。

【原文】

孟尝君闻冯驩烧券书，怒而使使召驩。驩至，孟尝君曰：『文食客三千人，故贷钱于薛。文奉邑[1]少，而民尚多不以时与其息，客食恐不足，故请先生收责之。闻先生得钱，即以多具牛酒而烧券书，何？』冯驩曰：『然。不多具牛酒即不能毕会[2]，无以知其有余不足。有余者，为要期。不足者，虽守而责之十年，息愈多，急，即以逃亡自捐之。若急，终无以偿，上则为君好利不爱士民，下则有离上抵负[3]之名，非所以厉士民彰[4]君声也。焚无用虚债[5]之券，捐不可得之虚计[6]，令薛民亲君而彰君之善声也，君有何疑焉！』孟尝君乃拊手[7]而谢之。

【注释】

①奉邑：食邑。封君收其邑之赋税以为俸禄，故称『奉邑』。奉，通『俸』。②毕会：全来聚会。③离上：背弃上司。抵负：赖债不还。④厉：鼓励。彰：显扬。⑤虚债：虚有其名而实际上不可能收回的债务。⑥计：账册。⑦拊手：拍手。形容孟尝君醒悟后，对冯驩的做法极为赞赏。

【译文】

孟尝君听说冯驩烧掉借据，十分生气，派使者召回冯驩。冯驩来到后，孟尝君说道：『我有食客三千人，所以在薛放债。我封邑收入少，而百姓还多不按时付息，我生怕宾客的供应不足，所以请先生去收债。听说先生收到钱后，就拿去多多地备下肥牛美酒，还烧掉了借据，这是为什么？』冯驩说：『正是如此。不多备牛、酒，就不能使债户都来，也就无法了解他们中谁有钱谁缺钱。有钱的，我替您约定了付息还债的日期。缺钱的，即使我守在那里讨债十年，也只能使他欠的利息越积越多，他穷急了，就只能用逃亡的办法来自己废弃债务了。如果人们穷急了，最终还是无力偿还，那时从在上位的人来看，则以为您好利而不爱士民，从在下面的百姓来说，则背了个叛离主人、抵赖债务的恶名，这可不是勉励士民、宣扬您名声的好办法啊。现在烧掉无用的虚有其名的债据，取消不可能收回的虚有其名的账目，使薛地的百姓亲近您，宣扬您的美名，您有什么可疑惑不解的呢！』孟尝君于是拍手称好，向冯驩道谢。

【原文】

齐王惑于秦、楚之毁，以为孟尝君名高其主而擅齐国之权，遂废孟尝君。诸客见孟尝君废，皆去。冯驩曰：『借臣车一乘[①]，可以入秦者，必令君重于国而奉邑益广，可乎？』孟尝君乃约车币[②]而遗之。冯驩乃西说秦王曰：『天下之游士冯轼结靷[③]西入秦者，无不欲强秦而弱齐；冯轼结靷东入齐者，无不欲彊齐而弱秦。此雄雌之国[④]也，势不两立为雄[⑤]，雄者得天下矣。』秦王跽而问[⑥]之曰：『何以使秦无为雌[⑦]而可？』冯驩曰：『王亦知齐之废孟尝君乎？』秦王曰：『闻之。』冯驩曰：『使齐重于天下者，孟尝君也。今齐王以毁废之，其心怨，必背齐；背齐入秦，则齐国之情，人事之诚[⑧]，尽委[⑨]之秦，齐地可得也，岂直[⑩]为雄也！君急使载币阴迎孟尝君，不可失时也。如有齐觉悟，复用孟尝君，则雌雄之所在未可知也。』秦王大悦，乃遣车十乘黄金百镒[⑪]以迎孟尝君。冯驩辞以先行，至齐，说齐王曰：『天下之游士冯轼结靷东入齐者，无不欲强齐而弱秦者；冯轼结靷西入秦者，无不欲强秦而弱齐者。夫秦齐雄雌之国，秦强则齐弱矣，此势不两雄。今臣窃闻秦遣使车十乘载黄金百镒以迎孟尝君。孟尝君不西则已，西入相秦则天下归之，秦为雄而齐为雌，雌则临淄[⑫]、即墨危矣。王何不先秦使之未到，复[⑬]孟尝君，而益与之邑以谢[⑭]之？孟尝君必喜而受之。秦虽强国，岂可以请人相而迎之哉！折秦之谋，而绝其霸强之略[⑮]。』齐王曰：『善。』乃使人至境候秦使。秦使车适入齐境，使还驰告之，王召孟尝君而复其相位，而与其故邑之地，又益以千户。秦之使者闻孟尝君复相齐，还车而去矣。

【注释】

①一乘：一辆。②约：备办。币：本为缯帛，古人常以束帛为赠送的礼物，故亦以币为礼物的通称。③游士：周游各国，向君主宣扬自己的政见主张以求采纳的人。冯：倚靠。轼：车厢前部供人扶手凭倚的横木。靷：引车前行的皮带，一端系在车轴上，一端系在马胸的皮套上。冯轼结靷，表示驾车奔走。④雄雌之国：对立的国家，此强

则彼弱，彼强则此弱。⑤雄：指国力强大，称雄。⑥跽：古人席地而坐，坐时以两膝着地，臀部坐于脚跟之上。臀部离开脚跟，挺身直腰为跽。秦王「跽而问」，表示他听了冯驩的话后难以安坐。⑦雌：指国力弱小，处于不利地位。⑧诚：真实情况。⑨委：交给，致送。⑩岂直：岂止，难道仅仅。⑪镒：古代重量单位，二十两为一镒。一说二十四两为一镒。⑫临淄：战国时齐国都城，在今山东淄博市东旧临淄。即墨：邑名，在今山东平度东南。⑬复：指恢复其职位。⑭谢：道歉。⑮略：谋略，计划。

【译文】

齐王被秦、楚对孟尝君的诽谤所迷惑，认为孟尝君的名声比自己还高，还独揽齐国大权，便废掉了孟尝君的相位和封邑。许多宾客见到孟尝君被废，都离他而去。冯驩说：「借给我一辆车，使我得以入秦，我一定让您在齐国受到尊重，而且封邑扩大，可以吗？」孟尝君于是备好车辆、礼物，派他入秦。冯驩西至秦国，向秦王游说道：「天下的游说之士乘车奔走西来秦国的，无不想使秦国强大而使齐国削弱；乘车奔走东到齐国的，又无不想使齐国强大而使秦国削弱。秦、齐是雄雌对立的国家，势不两立，谁称雄谁就能得天下。」秦王听后，难以安坐，不禁挺身直腰问道：「怎么做才能使秦国不处在下风呢？」冯驩说：「大王也知道齐国废掉孟尝君的事吗？」秦王道：「听说过的。」冯驩说：「使齐国被天下看重的，正是孟尝君。现在齐王因听信诽谤而废了他，他心里怨恨，必然背离齐国；如果背齐而入秦，那么就会把齐国的内情，人事的真实状况等，统统告诉秦国，齐国的土地尚且可以得到，岂止称雄而已！您赶快派使者带了礼物悄悄地去迎接孟尝君，不可失去时机。如果齐国觉悟了，重新起用孟尝君，那么谁强谁弱就难以逆料了。」秦王大喜，派出车十辆，带了黄金百镒去迎接孟尝君。冯驩辞别秦王，赶在秦国使者之前动身，来到齐国，向齐王游说道：『天下的游说之士乘车奔走东来齐国的，无不想使齐国强大而使秦国削弱；乘车奔走西到秦国的，又无不想使秦国强大而使齐国削弱。秦、齐是雄雌对立的国家，秦强则齐弱，其形势不可能两国都来称雄。现在我私下听说秦国派遣使者，以车十辆装载黄金百镒来迎接孟尝君。孟尝君如不西行，倒也罢了；如果西行入秦为相，天下便会归附秦国，秦国称雄则齐国处于下风，齐国一处下风，临淄、即墨便危险了。大王何不在秦使没到之前就恢复孟尝君的相位，再加给他封邑以表示歉意呢？孟尝君一定会高兴地接受下来。尽管秦是强国，怎么可以聘请人家的相国而派车来迎接呢！这样便挫败了秦国的计划，破坏了它称霸争强的谋略。』齐王说：『好。』于是派人到边境等候秦使。秦使的车辆刚进齐境，齐使便赶回去报告，齐王立刻召来孟尝君恢复其相位，发还他原来的封邑土地，还加封一千户。秦国的使者听到孟尝君重又作了齐相，便调转车头离开了齐国。

【原文】

自齐王毁废孟尝君，诸客皆去。后召而复之，冯驩迎之。未到，孟尝君太息[①]叹曰：『文常[②]好客，遇客无所敢失，食客三千有余人，先生所知也。客见文一日[③]废，皆背文而去，莫顾文者。今赖先生得复其位，客亦有何面目复见文乎？如复见文者，必唾其面而大辱之。』冯驩结辔下拜。孟尝君下车接之，曰：『先生为客谢乎？』冯驩曰：『非为客谢也，为君之言失。夫物有必至，事有固然[④]，君知之乎？』孟尝君曰：『愚不知所谓也。』曰：『生者必有死，物之必至也；富贵多士，贫贱寡友，事之固然也。君独不见夫趣市朝[⑤]者乎？明旦[⑥]，侧肩争门而入；日暮之后，过市朝者掉臂[⑦]而不顾。非好朝而恶暮，所期物忘其中[⑧]。今君失位，宾客皆去，不足以怨士而徒绝宾客之路。愿君遇客如故。』孟尝君再拜曰：『敬从命矣。闻先生之言，敢不奉教焉。』

【注释】

①太息：出声长叹。②常：通『尝』，曾经。③一日：一旦，忽然有一天。④固然：本来如此。⑤趣：奔向。市朝：市集。⑥明旦：清晨，天明时。⑦掉臂：摆动着手臂，形容走路时漫不经心的样子。⑧所期物：指所期望得到的货物或利益。忘：通『亡』，无。其中：指市朝之中。

【译文】

自从齐王听信诽谤而废掉孟尝君后，宾客们便都离开了他。后来齐王召回孟尝君，恢复他的相位和封邑，冯驩去迎接他。还没到朝廷时，孟尝君长叹一声道：『我一向好客，待客总不敢有半点差失，所以食客有三千余人，这是先生所知道的。可是宾客们见我一朝废位，都离我而去，没有人再看我一眼。现在靠托先生得以恢复相位，宾客们还有什么脸面再来见我呢？如果再来见我，我一定要唾他的脸，大大地羞辱他一番。』冯驩听后，结好缰绳，离车下拜，孟尝君连忙下车接住他，说：『先生是为宾客道歉吗？』冯驩答道：『我并非为宾客道歉，而是因为您刚才失言了。物有必然会这样的规律，事有原本如此的道理，您知道吗？』孟尝君说：『我很愚钝，不知道你说的意思。』冯驩说：『活着的必然有死，这是物的必然会这样的规律。富贵了，宾客多；贫贱了，朋友少，这是事情原本如此的道理。您难道没有见过那些到市集上去的人吗？天一亮，大家侧肩争门地挤进去；黄昏之后，经过市集的人却甩着胳膊走过，连看都不看一下。他们并不是喜好早晨而厌恶黄昏，而是因为黄昏的市集上已经没有他们所期望的货物和利益了。现在您失了相位，宾客都离开了，这种情况您不必去怨恨他们，否则只会白白地阻塞他们前来投奔您的道路。我愿您像从前一样地接待他们。』孟尝君再拜说道：『一定遵从您的嘱咐。听了先生的话，怎么能不领教呢。』

【原文】太史公曰：吾尝过薛，其俗闾里率多暴桀①子弟，与邹②、鲁殊。问其故，曰：『孟尝君招致天下任侠③，奸人④入薛中盖六万余家矣。』世之传孟尝君好客自喜，名不虚矣。

【注释】①闾里：古代居民的聚居单位，旧说二十五家为闾里。此泛指民间。率：大抵，大都。暴桀：凶暴倔强，不驯顺。②邹：古国名，本作邾，曹姓，都邾（今山东曲阜东南），后迁都绎（今山东邹县东南），辖境约相当于今山东费、邹、滕、济宁、金乡等县地。战国时为楚所灭。孟子即邹人。③任侠：仗义行侠。④奸人：指不守规矩、好惹是生非之人。

【译文】太史公说：我曾经路过薛邑，那里的风俗是在乡里中一般总有好多凶横粗暴的年轻人，和邹、鲁两地的情况不同。打听其原因，据说：『当年孟尝君招来天下仗义行侠之士，那些不安本分、喜好惹是生非的人搬来薛邑的差不多有六万多家了。』世上传说孟尝君好客自喜，可以说是名不虚传的了。

乐毅列传

【原文】乐毅者，其先祖曰乐羊。乐羊为魏文侯①将，伐取中山②，魏文侯封乐羊以灵寿③。乐羊死，葬于灵寿，其后子孙因④家焉。中山复国⑤，至赵武灵王时复灭中山⑥，而乐氏后有乐毅。

【注释】

①魏文侯：战国初期魏国的国君，魏桓子之孙，名都（《六国年表》作『斯』），公元前425年至387年在位。事迹详本书《魏世家》。②中山：战国时期的诸侯国。③灵寿：故地在今河北平山三汲一带。④因：从而，于是。⑤中山复国：魏文侯灭中山后，曾分封其子于中山。据《魏世家》，魏武侯九年（公元前378年），『翟（狄）败我浍』；《赵世家》，赵敬侯十年（公元前377年），『与中山战于房子』，则中山复国，约在此时。⑥赵武灵王：赵肃侯之子，名雍，公元前325年即位，公元前299年退位传国，自号主父，立王子何为王。事迹详本书《赵世家》。复灭中山：赵武灵王二十年（公元前306年）起，赵屡次攻打中山，夺取了大部分土地，至惠文王四年（公元前295年）才最终灭掉中山，将其国君放逐。

【译文】

乐毅，他的先祖是乐羊。乐羊是魏文侯的将军，攻占了中山国之后，魏文侯把灵寿封给他。乐羊去世后，就埋葬在灵寿，他的后世子孙也就从此在这里安了家。后来中山国曾一度复国，到了赵武灵王的时候，再次灭掉了中山国，而乐氏的后人中就有一个乐毅。

【原文】

乐毅贤，好兵，赵人举[1]之。及武灵王有沙丘之乱[2]，乃去赵适魏。闻燕昭王[3]以子之之乱而齐大败燕，燕昭王怨齐，未尝一日而忘报齐也。燕国小，辟[4]远，力不能制，于是屈身下士，先礼郭隗[5]以招贤者。乐毅于是为魏昭王[6]使于燕，燕王以客礼待之。乐毅辞让，遂委质为臣[7]，燕昭王以为亚卿[8]，久之。

【注释】

①举：推荐，选拔。②沙丘之乱：赵武灵王传位于惠文王而自号主父，四年（公元前295年），主父游沙丘，其长子公子章作乱，公子成等发兵平乱，公子章逃入主父所居沙丘离宫中，公子成围困沙丘宫三月余，公子章及主父皆死于宫中。沙丘，故地在今河北广宗西北之太平台。③燕昭王：燕王哙之子，名职（或作平），公元前311年至279年在位。子之之乱：燕王哙三年（公元前318年），禅让王位于国相子之，致使国内大乱。齐湣王乘机发兵攻燕，哙及子之皆死，齐人大胜。④辟：通『僻』。⑤先礼郭隗：燕昭王求贤，请郭隗推荐，郭隗说，大王想招纳贤士，就先从我做起，那比我更有才能的人就会不远千里纷纷而来。于是，燕昭王为郭隗改建宫室而以师长之礼事之，天下贤士争相趋燕。⑥魏昭王：魏哀王之子，名遬，公元前295年至277年在位。⑦委质为臣：指屈膝委体于地而行臣子拜见君主之礼。一说，古时初出仕，必先书名于策，『委死之质于君』，表示愿为其君效死，然后为臣。⑧亚卿：官名，职位仅次于正卿。

【译文】

乐毅很贤能，喜好军事，赵国人把他推举出来准备起用。由于遇上赵武灵王让位，国内发生『沙丘之乱』，他便离开赵国到了魏国。他听说燕国因为『子之之乱』，政局动荡；齐国乘机进攻，把燕国打得大败，燕昭王即位后非常怨恨齐国，没有一天不在考虑报复齐国。燕国幅员狭小，地处偏僻，燕昭王感到力不从心，于是谦恭屈尊，礼贤下士，首先以师长之礼待郭隗，广招天下贤士。乐毅便在这个时候为魏昭王出使燕国，燕王以待客的礼节厚待他，争取他。乐毅先是推辞，但终于同意委身为臣，燕昭王任命他为亚卿，过了很长的时间。

【原文】

当是时，齐湣王①彊，南败楚相唐眛于重丘②，西摧三晋于观津③，遂与三晋击秦④，助赵灭中山⑤，破宋⑥，广地千余里。与秦昭王争重为帝，已而复归之⑦。诸侯皆欲背秦而服于齐。湣王自矜⑧，百姓弗堪。于是燕昭王问伐齐之事。乐毅对曰：『齐，霸国之余业⑨也，地大人众，未易独攻也。王必欲伐之，莫如与⑩赵及楚、魏。』于是使乐毅约赵惠文王，别使连⑪楚、魏，令赵嗣⑫说秦以伐齐之利。诸侯害⑬齐湣王之骄暴，皆争合从⑭与燕伐齐。乐毅还报，燕昭王悉起兵，使乐毅为上将军⑮，赵惠文王⑯以相国印授乐毅。乐毅于是并护赵、楚、韩、魏、燕之兵以伐齐⑰，破之济⑱西。诸侯兵罢归，而燕军乐毅独追，至于临菑⑲。齐湣王之败济西，亡走，保于莒⑳。乐毅独留徇㉑齐，齐皆城守㉒。乐毅攻入临菑，尽取齐宝财物祭器输之燕㉓。燕昭王大说㉔，亲至济上劳军，行赏飨士㉕，封乐毅于昌国㉖，号为昌国君。于是燕昭王收齐卤获㉗以归，而使乐毅复以兵平齐城之不下者。

【注释】

①齐湣王：齐宣王之子田地，公元前323年至284年在位。②南败楚相唐眛于重丘：齐湣王二十三年（公元前301年），齐、秦、韩、魏联合攻楚，杀楚相唐眛，攻占重丘（在今河南泌阳东北）。③西摧三晋于观津：《六国年表》及《田敬仲完世家》等载，齐湣王七年（公元前317年），曾在观津击败魏、赵军。此『观津』应是『观泽』之误，『观泽』，在今河南清丰南。④遂与三晋击秦：齐湣王二十六年（公元前298年），齐、韩、魏联合攻秦，在函谷关击败秦军。⑤助赵灭中山：齐湣王二十九年（公元前295年），齐出兵佐助赵国灭中山。⑥破宋：齐湣王三十八年（公元前286年）齐与魏、楚共灭宋。⑦与秦昭王争重为帝，已而复归之：齐湣王三十六年（秦昭王十九年，公元前288年），齐、秦同

时称帝，齐为东帝，秦为西帝，两个月后复改为王。⑧自矜：自尊自大。⑨霸国之余业：指战国以来，齐威王、宣王、湣王三世相继称霸天下，余威犹存。⑩与：联合，结交。⑪连：交结，联合。⑫令赵啗说秦以伐齐之利：齐湣王三十九年（公元前285年），赵王与秦王会于中阳（今山西中阳），次年即有五国联军的伐齐行动。啗，同『啗』，劝诱，利诱。⑬害：忧虑，担忧。⑭从：同『纵』。⑮上将军：为当时的最高军事指挥官。⑯相国：为当时赵国的最高行政长官，取辅佐国君治理国家之意。⑰并护赵、楚、韩、魏、燕之兵以伐齐：时在燕昭王二十八年（公元前248年）。当时参加伐齐的还有秦军。护：统率。⑱济：济水，为古代河流之名，源出今河南济源市西王屋山中，河道分别流经黄河古道南北，自今山东博昌以北注入渤海，今已堙灭。⑲菑：一作『淄』。⑳保：守住，保住。莒：邑名，故地在今山东莒县。㉑徇：攻占土地。㉒城守：据城固守。㉓宝：珍宝。祭器：宗庙祭祀供奉先祖所使用的器具，是宗族、国家的象征，古礼有『祭器不出境』之说，故战争中都很重视抢掠敌国的祭器。当时燕军烧毁了临菑的宫殿神庙，将其中的财宝祭器劫掠一空。㉔说：同『悦』。㉕飨士：以酒食招待士卒。㉖昌国：齐地名，故地在今山东淄博一带。㉗卤获：掳掠所得。

【译文】

那个时候，齐湣王势力最强大，南边在重丘打败楚相唐眜，西边在观津挫败三晋，于是又和三晋联合攻秦，还协助赵国灭了中山，并出兵击败了宋国，拓展疆土千余里。齐湣王与秦昭王争霸称帝，不久以后又放弃了帝号。各国诸侯都想背离秦国而与齐国结盟。齐湣王因此骄矜自大，百姓们不堪其苦。于是，燕昭王便向乐毅请教讨伐齐国的问题，乐毅回答道：『齐国，至今仍保有称霸大国的余威，地广人多，要独自对它发动进攻很不容易。大王如果一定要讨伐它，最好同赵国、楚国、魏国联合起来。』这样，燕昭王就派乐毅与赵惠文王订约攻齐，另派使者去联合楚国、魏国，并请赵国向秦国说明伐齐的好处。各国诸侯深受齐湣王骄横凶暴之害，都争着与燕国联合起来讨伐齐国。乐毅回到燕国作了汇报，燕昭王便把全国的军队都动员起来，任命乐毅为上将军，赵惠文王也把相国的大印授予乐毅。于是，乐毅就总领赵、楚、韩、魏、燕国的大军去讨伐齐国，在济水之西击败齐军。诸侯各国收兵撤回，而独有乐毅率领燕军追击不舍，一直打到临菑。齐湣王自济水之西失利，败退而逃，退入莒城固守。乐毅独自率军在齐地扫荡抢掠，齐军都据城固守。后来，乐毅攻入临菑，将齐国的珍宝、财物、祭器等劫掠一空，统统运回燕国。燕昭王大为高兴，亲自到济水之滨慰劳燕军，赏赐并宴飨全军将士，把昌国封给乐毅，号称昌国君。燕昭王带着掳获于齐国的战利品回国，而命令乐毅继续带领军队攻打齐国那些尚未攻克的城池。

【原文】

乐毅留徇齐五岁，下齐七十余城，皆为郡县以属燕，唯独莒、即墨[1]未服。会燕昭王死，子立为燕惠王[2]。惠王自为太子时尝不快于乐毅，及即位，齐之田单[3]闻之，乃纵反间[4]于燕，曰：『齐城不下者两城耳。然所以不早拔者，闻乐毅与燕新王有隙[5]，欲连兵[6]且留齐，南面而王齐。齐之所患，唯恐他将之来。』于是燕惠王固已疑乐毅，得齐反间，乃使骑劫[7]代将，而召乐毅。乐毅知燕惠王之不善[8]代之，畏诛，遂西降赵。赵封乐毅于观津[9]，号曰望诸[10]君。尊崇乐毅以警动于燕、齐。

【注释】

①即墨：故地在今山东平度东。②燕惠王：公元前278年至272年在位。③田单：齐国名将，为齐王远亲，当时率众坚守即墨，与燕军对峙。后以破燕有功，封为安平君（安平故地在今山东临淄东北）。④反间：利用敌人的

间谍，提供假情报，使敌人造成判断与决策的错误。⑤隙：隔阂，裂痕。⑥连兵：指与齐军联合。⑦骑劫：燕将，代乐毅为将军后不久，被齐军击败身死。⑧不善：不认为他好，即认为他有过错。⑨观津：故地在今河北武邑东南。⑩望诸：泽名，用为封号名。

【译文】

乐毅留在齐国打了五年仗，攻克了齐国七十多个城，都把它们改为郡县而归属于燕，只剩下莒和即墨两城尚未攻克。这时，燕昭王去世，他的儿子燕惠王继位。惠王当太子的时候曾经与乐毅有矛盾而不高兴乐毅，等到他即位，齐国的田单听说了这件事，就在燕国施反间之计，放出风说：『齐国没有被攻占的城邑只剩下两座了，而之所以不尽快地攻占它们，听说是乐毅与燕国的新国王有矛盾，他想率领军队与齐军联合，就留在齐国，在齐国自立为王。现在齐国最担忧的，就只怕燕国派别的将领来。』这个时候，燕惠王本来就已经在怀疑乐毅了，现在又中了齐国的反间之计，就派骑劫去替代乐毅为将，而召乐毅回国。乐毅知道燕惠王是在怀疑他而派人替代他，害怕回国遭杀害，就西去投奔了赵国。赵国把观津封给乐毅，号称望诸君。赵国采用尊崇乐毅的办法，用以震慑燕国和齐国。

【原文】

齐田单后与骑劫战，果设诈诳燕军①，遂破骑劫于即墨下，而转战逐燕，北至河上②，尽复得齐城，而迎襄王③于莒，入于临淄。

【注释】

①设诈诳燕军：指田单设计使燕军虐待齐军战俘，挖掘齐人坟墓，使齐军坚定决战信念，并以诈降瓦解燕军斗

志，后以火牛阵一举击败燕军。②北至河上：向北一直打到黄河边上。当时黄河流经今山东德州、河北沧州一带，向东北入渤海，比现在的黄河靠北得多。③襄王：齐湣王之子，名法章。湣王被杀后，他在莒城隐姓埋名，为人做工，过了很久才说出是湣王之子，被立为齐王。公元前283年至265年在位。

【译文】

齐将田单后来与骑劫作战，果然设了一套巧计骗了燕军，结果在即墨城下大败骑劫，进而全线进攻追逐燕军，向北一直打到燕齐交界的黄河边上，全部收复了失地，而从莒城迎接襄王，重返临菑。

【原文】

燕惠王后悔使骑劫代乐毅，以故破军亡将失齐；又怨乐毅之降赵，恐赵用乐毅而乘燕之獘①以伐燕。燕惠王乃使人让乐毅，且谢②之曰：『先王举国而委③将军，将军为燕破齐，报先王之雠④，天下莫不震动，寡人⑤岂敢一日而忘将军之功哉！会先王弃群臣⑥，寡人新即位，左右误寡人。寡人之使骑劫代将军，为将军久暴露⑦于外，故召将军且休，计事。将军过听⑧，以与寡人有隙，遂捐⑨燕归赵。将军自为计则可矣，而亦何以报先王之所以遇将军之意乎？』

乐毅报遗⑩燕惠王书曰：

【注释】

①獘：今通作『弊』，困顿，疲惫。②让：责备。谢：道歉。燕王既『悔』又『恐』，故既『让』且『谢』。③举国：总取全国。委：托付，委托。④雠：通『仇』。⑤寡人：君主自称，意即『寡德之人』。⑥先王弃群臣：隐言先王死去。⑦暴露：露天而处，无所遮蔽。⑧过听：误听。⑨捐：抛弃。⑩报：答复，给回信。遗：送交。

【译文】

燕惠王很后悔让骑劫代替乐毅，因而兵败将亡丢掉了齐国；同时又怨恨乐毅去投奔赵国，害怕赵国任用乐毅，乘燕国吃败仗的机会来攻打燕国。燕惠王就派人去责怪乐毅，并且又表示道歉，说：『先王把全国的军队都委交给将军，将军为燕国大败齐国，替先王报了仇，天下无不为之震动，而我本人也没有一天敢忘记将军的功绩啊！适逢先王不幸去世，我刚刚即位，是我左右的那些人耽误了我。我之所以派骑劫去接替将军，是因为将军长年累月地在外辛劳，因此召回将军作一休整，并且商议国事。可是，将军却听信谣言，以为是同我有隔阂，便抛下燕国投奔了赵国，将军为自己打算而这样做当然也是可以的，但是又如何报答先王对将军的知遇之恩呢？』乐毅便给燕惠王复信写道：

【原文】

臣不佞①，不能奉承②王命，以顺左右之心，恐伤先王之明③，有害足下④之义，故遁逃走赵。今足下使人数⑤之以罪，臣恐侍御者不察先王之所以畜幸⑥臣之理，又不白⑦臣之所以事先王之心，故敢⑧以书对。

【注释】

①不佞：不才，是自谦之词。②奉承：接受，遵照。③明：英明。④足下：当时对君王等的敬称，后亦用于上辈、上级及友人。⑤数：一一列举。⑥侍御者：随从，侍者。为了对对方表示尊敬，言谈不敢直指对方，只敢请对方的左右随从转告尊长，与『陛下』『阁下』等表敬之意相似。察：看清楚。畜：养。幸：宠信。⑦白：清楚，明了。⑧敢：谦辞，有冒昧的意思。

【译文】

臣无才无能，没有能接受大王的命令，顺从您的谋士们的心意，我唯恐（回到燕国会被杀掉，从而）影响了先王有知人之明的声誉，也连累您陷于不义，所以才逃跑到了赵国。现在，您派人来数落我的罪过，我深恐您并不了解先王之所以信任我重用我的道理，又不明白我之所以侍奉先王的用心，因此才冒昧地写这封信回复您。

【原文】

臣闻贤圣之君不以禄私亲①，其功多者赏之，其能当者处之②。故察能而授官者，成功③之君也；论④行而结交者，立名之士也。臣窃观先王之举⑤也，见有高世主⑥之心，故假节⑦于魏，以身得察于燕。先王过举⑧，厕之宾客之中，立之群臣之上，不谋父兄⑨，以为亚卿。臣窃不自知，自以为奉令承教⑩，可幸无罪，故受令而不辞。

【注释】

①禄：俸禄，官员的薪金。私亲：偏向自己的亲属。②其能当者处之：《战国策》此前有『不以官随其爱』，与上文『不以禄私其亲』相呼应。能，才能，能力。当，适当，得当。处，指居官，做官。③成功：建树功绩，成就功业。④论：衡量，品评。⑤窃：谦辞，有私下、私自的意思。举：行为，行动。⑥高世主：超越世上其他的君主。⑦假节：假，借用。节，符节，是一种证明身份及出入关卡的凭据。此指利用出使的机会。因当时诸侯割据，关塞不通，只有持专门的符节才能出境。⑧过举：过，误；举，提拔；这是自谦的说法。⑨父兄：指大臣中的同姓的长辈。⑩奉令承教：接受命令。教：训令。

【译文】

我听说，贤圣的君主不拿国家的禄位徇私情授予自己的亲属，只有立功多的人才能够得到赏赐，能力相当的人才能够授予官职。所以善于考察一个人的能力而后委任以官职的君主，才是能够成就功业的君主；善于估量审察对方的品行而后与之结交的士，才是能够扬名后世的俊士。我私下里观察先王的举止行为，觉得他有超越世上各国君主的雄心，所以就借用为魏国出使的机会来到燕国，以便亲自察看。承蒙先王错爱，安排我于宾客之中，提拔我位居群臣之上，也不和宗室长辈们商议，就任命我做了亚卿。我恐怕是缺少自知之明吧，自以为只要一切遵从先王的命令，听从先王的指挥，可以幸而无罪，所以也就接受了任命而未加推辞。

【原文】

先王命之曰：『我有积怨深怒于齐，不量轻弱，而欲以齐为事①。』臣曰：『夫齐，霸国之余业而最胜之遗事②也。练于兵甲，习于战攻③。王若欲伐之，必与天下图之。与天下图之，莫若结于赵。且又淮北④、宋地，楚魏之所欲也⑤，赵若许而约四国⑥攻之，齐可大破也。』先王以为然，具符节南使臣⑦于赵。顾反命⑧，起兵击齐。以天之道，先王之灵，河北之地随先王而举之济上⑨。济上之军受命击齐，大败齐人。轻卒锐兵，长驱至国⑩。齐王遁而走莒，仅以身免；珠玉财宝车甲珍器尽收入于燕。齐器设于宁台⑪，大吕陈于元英⑫，故鼎反乎磿室⑬，蓟丘之植植于汶篁⑭，自五伯⑮已来，功未有及先王者也。先王以为慊⑯于志，故裂地⑰而封之，使得比小国诸侯。臣窃不自知，自以为奉命承教，可幸无罪，是以受命不辞。

【注释】

①以齐为事：把伐齐作为自己的任务、工作。②最胜之遗事：最，《战国策》作『骤』，『最胜』应读为『骤胜』，

数胜，屡胜。遗事，意同『余业』，指齐国屡战屡胜，雄风长存。③练：熟练，熟悉。习：习惯，熟练。④淮北：淮河以北，包括今江苏北端，山东南端及安徽东北部。⑤楚魏之所欲也：淮北与宋地当时皆由齐人控制，因地与楚、魏毗连，故楚、魏想占据之。⑥四国：除前言赵、楚、魏外，还有韩国。⑦具：准备，备办。使臣：委任我为使节，派我出使。⑧顾反命：回来以后汇报交差。反，通『返』。⑨河北之地随先王而举之济上：燕国全国动员，随先王举兵伐齐，大军挺进到济上。举，发动，行动。⑩国：国都，此指齐都临淄。⑪齐器：指齐国的宗庙祭祀之器。宁台：燕国宫廷中的台观名，故地在今北京城西南。设：陈列。⑫大吕：本是乐律之名，此泛指齐国的乐器——编钟。元英：燕国宫殿名，在宁台附近。⑬故鼎：指子之之乱时被入侵的齐军抢去的燕国的鼎彝。鼎，本是一种烹饪器，但古人又视为传国之重器。磿室：燕国宫殿名。磿，亦作『历』『曆』。⑭蓟丘之植植于汶篁：蓟丘的植物，有移植自汶水之滨的篁竹。一说云，汶水之滨的竹田种植了来自蓟丘的植物。义亦通，但与前数句不承接。蓟丘：地名，故地在今北京市一带。或说即『蓟门』，相传在北京德胜门外。汶：汶水，今名大汶河，源出山东莱芜北，西南流经大汶口、东平南，入古济水。篁：竹。⑮五伯：即『五霸』。⑯慊：同『惬』，满意，满足。⑰裂地：分封土地。

【译文】

先王曾命令我说：『我对齐国有深仇大恨，不管我国国力怎样的虚弱，我都决心要把讨伐齐国作为我的目标去实现。』我说：『那齐国，数代称霸，强国的雄风犹存；屡战屡胜，大国的余威仍在。齐人惯于习武，精于攻战。大王如果想要讨伐它，那么一定要联合天下诸侯共同对付它。而联合天下的诸侯共同对付它，又首先要同赵国结盟。况且，（齐国控制的）淮北及宋国，正是楚国和魏国所想占有的地方，赵国如果能许诺满足他们，与他们这四个国家联合起来讨伐齐国，那就可以大败齐国了。』先王认为我的意见很对，授予我使臣的符节派我出使赵国，等我回到燕国作了汇报，就起兵攻打齐国。由于合乎天道，凭借先王的神灵，燕国全国总动员举兵伐齐，大军跟随先王挺进到济上。大军自济上奉命发动进攻，把齐军打得大败。轻装的兵士，精锐的军队，长驱直入，一直打到齐国的国都，齐王逋逃，跑到了莒城，仅仅保住了自己一条命；而珠玉、财宝、车辆、兵器和珍奇的器物，全都被燕军缴获，载运回国。如今宁台上陈设着齐国传国的宝器；元英殿里安放着齐国的大吕之钟；被齐人劫掠去的燕国的鼎彝失而复得，重返磿室；原本生长于汶水之滨的篁竹，现在在蓟丘栽种，自从五霸以来，没有什么人的功业能够比得上先王了。先王认为他壮志已酬，因此划出一块土地分封给我，使我也像个小国诸侯。我恐怕是缺少自知之明吧，自以为只要一切遵从先王的命令，听从先王的指挥，可以幸而无罪，所以也就接受了分封而未加推辞。

【原文】

臣闻贤圣之君，功立而不废①，故著于《春秋》②；蚤知③之士，名成而不毁，故称④于后世。若先王之报怨雪耻，夷万乘之彊国⑤，收八百岁之蓄积⑥，及至弃群臣之日，余教未衰，执政任事之臣，修法令，慎庶孽，施及乎萌隶，皆可以教后世⑦。

【注释】

①废：衰败。②《春秋》：原是孔子根据鲁国的编年史而整理修订的史书。此泛指史书，史册。③蚤知：有先见之明，有远见、预见。蚤，同『早』。④称：被称赞。⑤夷：铲平，消灭。万乘：指拥有一万辆兵车。古代国家以疆域广狭配置军队，拥有一万辆兵车，本指周天子，但战国时已用以指诸侯大国了。彊：同『强』。⑥收八百岁之蓄积：

齐国自西周初封姜太公吕尚（约在公元前11世纪）至齐湣王济西兵败（公元前284年），约八百年。按，战国时期的齐国实为田氏，公元前384年，田氏立为齐侯，公元前379年田氏并齐，太公望绝祀。⑦庶孽：非正妻所生之子。施：延展，扩大。萌：通「氓」，即「民」。民、隶，当时都指贱民、奴隶。

【译文】

我听说，贤能圣明的君主，建树了功业，能够让它不要衰败，因而名垂史册；远见卓识之士，获得了荣誉，能够让它不要毁坏，因而扬名后世。像先王那样报仇雪耻，征服最强大的诸侯国，缴获它（自开国以来）蓄积八百年的珍宝，直到辞世之日，还留下谆谆教诲，要执政理事的大臣，整修法律条令，审慎地处理宗室内部的关系，恩惠遍及小民奴仆，这些都是后世应当永远牢记的遗训。

【原文】

臣闻之，善作者不必善成，善始者不必善终。昔伍子胥说听于阖闾，而吴王远迹至郢①；夫差弗是也，赐之鸱夷而浮之江②。吴王不寤先论③之可以立功，故沈子胥而不悔；子胥不蚤见主之不同量④，是以至于入江而不化⑤。

【注释】

①郢：楚国都，当时的郢都在今湖北江陵纪南城。②弗是：不以其说为是，即不听伍子胥的意见。鸱夷：本是一种盛酒的皮袋，以马革制成，形如鸱鸟。此指用皮革盛放伍子胥的尸体，并投入江中。③寤：同「悟」。先论：先见之论。④量：器量，度量，指器量及品德的水准。⑤不化：至死而仍然僵硬不知变化，这是说伍子胥太死心眼。《战国策》作「不改」。

【译文】

我听说，善于创造的人不一定善于取得成功，开始很好的人不一定终结也很好。以前伍子胥的话被阖闾所采纳，因而吴王得以远征楚国踏入郢都；而继位的夫差却不是如此，赐给伍子胥一把宝剑叫他自杀，把尸体装进皮袋丢入长江听任漂流。吴王夫差根本不理解伍子胥的远见卓识可以建树功业，所以把他抛入江中而毫不后悔；伍子胥则没有预料到两位君主气量全然不同，所以直至被投入江中仍然不知改变。

【原文】

夫免身[1]立功，以明先王之迹，臣之上计也。离[2]毁辱之诽谤，堕[3]先王之名，臣之所大恐也。临不测之罪，以幸为利[4]，义之所不敢出[5]也。

【注释】

①免身：使自身免遭灾祸。②离：同『罹』，遭遇。③堕：通『隳』，毁坏，败坏。④以幸为利：能够幸免灾祸就很好了。⑤义之不敢出：言由于前述原因，所以，虽然不能忘怀先王之恩，深有情义，但是不敢（即无法）表达出来。

【译文】

我要保全性命，免遭灾祸，成全功业，让先王的功绩彰明较著，就我来说，这是最为理想的；如果我遭到污辱，受到诽谤，因而败坏了先王的名誉，那是我最为惶恐的。由于我被加上了意想不到的罪名，现在得以侥幸保全性命就很满足，处于这种情形，我虽然义不容辞应当报答先王，却实在不敢表示出来啊！

【原文】

臣闻古之君子，交绝不出恶声[①]；忠臣去国，不絜其名[②]。臣虽不佞，数[③]奉教于君子矣。恐侍御者之亲[④]左右之说，不察疏远[⑤]之行，故敢献书以闻，唯[⑥]君王之留意焉。

【注释】

①恶声：中伤对方的话。②不絜其名：不为自己的名声辩白，指不怪罪君王。絜，同『洁』。③数：屡次。④亲：听信。⑤疏远：疏远者，此为乐毅自指。⑥唯：句首语气词，表示希望。

【译文】

我听说，古时候的君子，虽然与人绝交，但决不说人坏话；忠臣虽然被迫离开国家，但决不为自己的行为辩白。我虽然无才无能，但也常常受教于君子。我担心的是您只听得进左右亲信的说法，不能理解我的出走，所以冒昧地写信说明，恳请您留意读一读吧！

【原文】

于是燕王复以乐毅子乐间为昌国君；而乐毅往来复通[①]燕，燕、赵以为客卿。乐毅卒于赵。

【注释】

①通：交通，友好往来。

【译文】

于是燕王又封乐毅之子乐间为昌国君，而乐毅也重新恢复了与燕国的往来，燕国、赵国都把他作为客卿。后来，乐毅在赵国逝世。

【原文】

乐间居燕三十余年，燕王喜用其相栗腹之计①，欲攻赵，而问昌国君乐间。乐间曰：『赵，四战之国②也，其民习兵，伐之不可。』燕王不听，遂伐赵。赵使廉颇③击之，大破栗腹之军于鄗④，禽栗腹、乐乘。乐乘者，乐间之宗也。于是乐间奔赵，赵遂围燕。燕重割地以与赵和⑤，赵乃解而去。

【注释】

①燕王喜：燕国末代国王，公元前254年即位；公元前222年，秦军虏燕王喜，灭燕。栗腹：燕相，燕王喜四年（公元前251年）栗腹为燕王献计说，赵国青壮年皆死于长平之战，可以乘机侵伐。后率军攻赵，兵败被俘。②四战之国：赵国东邻燕、齐，西接秦境，南连韩、魏，北界匈奴。③廉颇：赵国名将，事迹详本书本传。④鄗：赵地名，故地在今河北省柏乡县北。⑤燕重割地以与赵和：《史记·廉颇传》记，燕割五城以请和。

【译文】

乐间在燕国三十多年，燕王喜采纳了他的丞相栗腹的计谋，准备攻打赵国，又来询问昌国君乐间的意见。乐间说：『赵国这个国家，东南西北四面都是常要打仗的国家，它的人民很有作战经验，要攻打它怕不行吧！』燕王不听，便派兵去攻打赵国。赵国派廉颇迎击，在鄗地把栗腹的军队打得大败，活捉了栗腹和乐乘。乐乘，是乐间的族人。于是乐间投奔了赵国，赵军便包围了燕都。燕国割让了大片的土地向赵国求和，赵国才解围而去。

【原文】

燕王恨不用乐间，乐间既在赵，乃遗乐间书曰：『纣之时，箕子不用，犯谏不怠①，以冀其听；商容不达②，身祇③辱焉，以冀其变。及民志不入④，狱囚自出⑤，然后二子退隐。故纣负桀暴之累⑥，二子不失忠圣之名。何者？其忧患之尽矣。今寡人虽愚，不若纣之暴也；燕民虽乱，不若殷民之甚也。室有语，不相尽以告邻里⑦。二者⑧，寡人不为君取⑨也。』

【注释】

①箕子：为纣王亲戚，封于箕，故称箕子。纣王无道，箕子劝谏不听，乃披发佯狂为奴，又被纣王囚禁。武王灭商后，封箕子于朝鲜。犯谏：犯颜直谏，即不顾冒犯君王，让君王不高兴，仍率直劝谏。②商容：相传是商纣王时司乐之官，被贬退隐。达：显贵。此处『不达』，亦是『不用』之意。③祇：仅只。④民志不入：指人民的愿望不能上达。入，入于宫廷之内。⑤狱囚自出：罪犯从牢狱中自行脱出，指国家法制破坏殆尽。⑥负：承担。桀暴：凶暴。累：过失，罪过。⑦室有语，不相尽以告邻里：《战国策》此数语作：『国之有封疆，犹家之有垣墙。室不能相和，出语邻家，未为通计也。』是说家庭内部有纷争之语，不能张扬于外，告诉邻居。⑧二者：《战国策》此处云：『明寡人之薄，而君不得厚；扬寡人之辱，而君不得荣，此一举而两失也。』这里的『二者』，即燕王蒙受耻辱，而乐间也有不义之名。⑨不为君取：意即『你的做法是不可取的』，这是委婉的说法。

【译文】

燕王悔恨没有任用乐间，但乐间已经去了赵国，燕王便派人送给乐间一封信，说：『商纣王的时候，箕子不被重用，而他却不懈地犯颜直谏，只希望纣王能够听从。商容虽然被废黜，不顾身受屈辱，只希望纣王能够改变。直到人民的意见全然不被纣王接纳，国家法制荡然，囚徒从牢狱中随意逃出，形势如此，箕子与商容才退而隐居。所以，虽然商纣王落了个残忍凶暴的恶名，但他们两位还是得到了忠诚与贤圣的美誉。为什么会这样呢？是因为他们竭诚尽忠，饱经忧患啊！现在的情形是，我虽然愚笨，却并不像纣王那么凶暴；燕国的人民虽然混乱，却并不像殷商时那样厉害。何况家里讲的话，也不必全都去告诉邻里。（你使我蒙受羞辱，自己也落得个不义的名声，）从这两方面而言，我觉得你的做法实在不可取呀！』

【原文】

乐间、乐乘怨燕不听其计，二人卒留赵。赵封乐乘为武襄君①。

【注释】

①赵封乐乘为武襄君：时在赵孝成王十六年，公元前250年。

【译文】

乐间、乐乘怨恨燕国不肯采纳自己的计谋，二人终于留在了赵国。赵国封乐乘为武襄君。

【原文】

其明年①，乐乘、廉颇为赵围燕，燕重礼以和，乃解。后五岁②，赵孝成王卒。襄王③使乐乘代廉颇。廉颇攻乐乘，乐乘走，廉颇亡入魏。其后十六年而秦灭赵④。

【注释】

①其明年：时在赵孝成王十七年，公元前249年。②后五岁：公元前245年。③襄王：即赵悼襄王，名偃，公

元前244年至236年在位。④其后十六年而秦灭赵：公元前228年，秦军攻陷邯郸，虏赵王迁，灭赵。

【译文】

第二年，乐乘、廉颇为赵国围攻燕国，燕国备了厚礼求和，赵军才解了围。五年以后，赵孝成王去世。襄王派乐乘接替廉颇为主帅。廉颇攻打乐乘，乐乘出走，廉颇也继而逃亡，到了魏国。这以后又过了十六年，秦灭掉了赵国。

【原文】

其后二十余年，高帝过赵①，问："乐毅有后世乎？"对曰："有乐叔。"高帝封之乐卿②，号曰华成君。华成君，乐毅之孙也。而乐氏之族有乐瑕公、乐臣公③，赵且为秦所灭，亡之齐高密④。乐臣公善修黄帝、老子之言，显闻于齐，称贤师。

【注释】

①其后二十余年，高帝过赵：汉高祖七年（公元前200年），高祖因征伐匈奴及赵地反叛，经过赵。赵，汉高祖四年（公元前203年），改邯郸郡为赵国，都邯郸（今河北邯郸市西南），辖境相当于今河北邯郸、邢台、沙河及隆尧、永年二县西部地区。②乐卿：《史记正义》说即《汉书地理志》之"乐乡"，县名，属信都国（国都在今河北冀州市）。③乐臣公："臣"为"巨"字之误，本书《田叔列传》作"巨"，《汉书·田叔传》作"钜"。④高密：县名，故地在今山东高密市西南。

【译文】

赵亡国后二十多年，汉高祖皇帝经过赵国故地，问道："乐毅还有后人在吗？"有人回答说："有个叫乐叔的是乐毅的后人。』高祖皇帝便把乐卿封给他，号称华成君。华成君，是乐毅的孙子。而乐氏家族中还有乐瑕公、乐臣公等，他们在赵国将要被秦国灭亡之时，逃到了齐国的高密。乐臣公精心研究黄帝、老子等道家学说，在齐国很有名气，被人们称为贤师。

【原文】

太史公曰：始齐之蒯通及主父偃①读乐毅之报燕王书，未尝不废②书而泣也。乐臣公学黄帝、老子，其本师③号曰河上丈人，不知其所出。河上丈人教安期生，安期生教毛翕公，毛翕公教乐瑕公，乐瑕公教乐臣公，乐臣公教盖公④。盖公教于齐高密⑤、胶西，为曹相国⑥师。

【注释】

①蒯通：本名彻，汉代因避武帝讳，改为『通』，范阳（今河北定兴县固城镇）人，著名的辩士。主父偃：姓主父，名偃，临淄人。为游士四十余年穷困潦倒，汉武帝元光初以上书得重用，元朔二年（公元前127年）因受贿事发被诛。②废：放置，舍弃。③本师：宗师，祖师。④盖：姓。⑤齐：汉初诸侯王国，汉高祖六年（公元前201年）封子刘肥为齐王，都临淄，辖七十城，包括今山东省除西部、南部之外的大部分地区。胶西：郡名，郡治在高密（今山东高密西南）。此处『高密』『胶西』重出，或有一衍。⑥曹相国：曹参。

【译文】

太史公说：当初齐国的蒯通以及主父偃每读到乐毅回复燕王的信的时候，就感动得读不下去，放下书信热泪夺眶而出。乐臣公学黄帝、老子的学说，他的老师号『河上丈人』，不知道来历是怎样的。河上丈人传授给安期生，安期生传授给毛翕公，毛翕公传授给乐瑕公，乐瑕公传授给乐臣公，乐臣公传授给盖公。盖公在齐国的高密、胶西等地教授学生，是相国曹参的老师。

廉颇蔺相如列传

【原文】

廉颇者，赵[1]之良将也。赵惠文王十六年[2]，廉颇为赵将伐齐，大破之，取阳晋[3]，拜为上卿[4]，以勇气闻于诸侯。

蔺相如者，赵人也，为赵宦者令缪贤舍人[5]。

【注释】

①赵：战国七雄之一，开国之君赵烈侯为晋大夫赵衰之后。②十六年：当为公元前283年。③阳晋：本卫邑，后属齐，此时为赵所攻取，故地在今山东省郓城县西。④上卿：诸侯的大臣叫『卿』，『上卿』是地位最高的大臣。⑤宦者令：官名，王宫中的宦官长。舍人：官僚与贵族家的食客中派有差使的人。

【译文】

廉颇是赵国一位优秀的将领。赵惠文王十六年，廉颇率领赵军攻打齐国，大败齐军，攻占阳晋，以军功官拜上卿。他也就以勇敢无畏而闻名于诸侯各国。蔺相如是赵国人，他是赵国宦者令缪贤的舍人。

【原文】

赵惠文王时，得楚和氏璧[1]。秦昭王[2]闻之，使人遗[3]赵王书，愿以十五城请易璧。赵王与大将军廉颇诸大臣谋：欲予秦，秦城恐不可得，徒见[4]欺；欲勿予，即[5]患秦兵之来。计未定，求人可使报秦者，未得。宦者令缪贤曰：『臣舍人蔺相如可使。」王问：「何以知之？」对曰：「臣尝有罪，窃计欲亡走燕，臣舍人相如止臣，曰：「君何以知燕王？」臣语曰：「臣尝从大王与燕王会境上，燕王私握臣手，曰『愿结友』。以此知之，故欲往。」相如谓臣曰：「夫赵强而燕弱，而君幸于赵王，故燕王欲结于君。今君乃亡赵走燕，燕畏赵，其势必不敢留君，而束⑥君归赵矣。君不如肉袒伏斧质⑦请罪，则幸得脱⑧矣。」臣从其计，大王亦幸赦臣。臣窃以为其人勇士，有智谋，宜可使。」于是王召见，问蔺相如曰：「秦王以十五城请易寡人⑨之璧，可予不？」相如曰：「秦强而赵弱，不可不许。」王曰：「取吾璧，不予我城，奈何？」相如曰：「秦以城求璧而赵不许，曲在赵。赵予璧而秦不予赵城，曲在秦。均⑩之二策，宁许以负秦曲。」王曰：「谁可使者？」相如曰：「王必无人，臣愿奉璧往使。城入赵而璧留秦；城不入，臣请完璧归赵。」

赵王于是遂遣相如奉璧西入秦。

【注释】

①和氏璧：《韩非子·和氏篇》说，楚人和氏得玉璞（含有玉的石头叫「璞」）于楚山中，拿去献给厉王，厉王的玉匠却说是石头，厉王以欺诳之罪刖（断足之刑）其左足。到武王即位，和氏又拿去献给武王，武王的玉匠又说是石头，武王又以欺诳之罪刖其右足。到文王即位，和氏抱着玉璞痛哭于楚山之下，三天三夜，泪尽出血。文王听说后派玉匠加以雕琢，果然得到宝玉，遂命名为「和氏之璧」。和氏，一说叫卞和。璧，是一种中心有孔的圆形的玉片。②秦昭王：即昭襄王，为秦武公之异母弟，公元前306年至251年在位。③遗：送给。④见：表示被动的助动词，可解作「被」「受」。⑤即：立即，马上。⑥束：捆缚。⑦斧质：古代施腰斩之刑的刑具。「斧」是斧钺，如后代铡刀的刀片；「质」又作「锧」「椹」，是在下承接斧刃的底座，如铡刀的刀座。⑧脱：豁免，赦免。⑨寡人：

诸侯的谦称，意思是「寡德之人」。⑩均：衡量，比较。

【译文】

赵惠文王的时候，赵国得到了著名的楚国和氏璧。秦昭王听到这件事，派人送信给赵王，表示愿意用十五座城邑与赵国交换和氏璧。赵王同大将军廉颇等诸大臣商议：假如把和氏璧给了秦国，恐怕未必能得到秦国的十五个城邑，白白地受他们的欺骗；假如不给的话，又怕由此招惹秦军来犯。谋议没有能做出决定；要物色一个回复秦王的使者，也未能找到。宦者令缪贤说：「我的舍人蔺相如可以充任使者。」赵王问道：「你怎么知道呢？」缪贤回答说：「我曾经犯罪，私下盘算要逃到燕国去，我的舍人蔺相如劝阻我，说：『您怎么了解燕王呢？』我告诉他说：『我曾经跟随大王与燕王在边境上相会，燕王私下里握着我的手说过「非常希望和你交个朋友」。我是由此而了解燕王的，所以想到燕国去。』相如对我说：『赵国强大，燕国弱小，而您深受赵王的宠信，所以燕王才想同您交朋友。现在您要逃离赵国到燕国去，燕国害怕赵国，势必不敢收留您，反而会把您捆绑了还给赵国。您不如赤膊去见赵王，伏在铡刀旁请罪，那倒很可能侥幸获得赦免。』我听从了他的劝告，大王也幸好赦免了我。我个人认为，这个人真是位勇士，足智多谋，应该是可以充任使者的。」于是，赵王召见蔺相如，问道：「秦王要用十五座城邑来换我的和氏璧，能不能换给他？」相如说：「秦国强而赵国弱，不能不答应。」赵王说：「如果他拿到了我的和氏璧，却不给我城，那怎么办？」相如说：「秦国要求以城邑换取和氏璧，如果赵国不答应，赵国显得理屈；如果赵国把和氏璧给了秦国，而秦国不把城邑交给赵国，那么就是秦国理屈了。衡量这两种情况，宁肯让秦国去承担屈理的责任。」赵王问：「谁能够充当使者呢？」相如说：「大王如果实在没有合适的人，我愿意带着和氏璧出使秦国。

秦国把十五个城邑交给赵国，就把和氏璧留给秦国；秦国不把十五个城邑交出来，我负责和氏璧完好地回到赵国。」

于是，赵王就派蔺相如带着和氏璧，西去秦国。

【原文】

秦王坐章台①见相如，相如奉璧奏②秦王。秦王大喜，传以示美人及左右，左右皆呼万岁。相如视秦王无意偿③赵城，乃前曰：「璧有瑕④，请指示王。」王授璧，相如因持璧却立，倚柱，怒发上冲冠，谓秦王曰：「大王欲得璧，使人发书至赵王，赵王悉召群臣议，皆曰『秦贪，负其强，以空言求璧，偿城恐不可得』。议不欲予秦璧。臣以为布衣⑤之交尚不相欺，况大国乎！且以一璧之故逆强秦之欢⑥，不可。于是赵王乃斋戒⑦五日，使臣奉璧，拜送书于庭⑧。何者？严大国之威⑨以修敬也。今臣至，大王见臣列观⑩，礼节甚倨⑪；得璧，传之美人，以戏弄臣。臣观大王无意偿赵王城邑，故臣复取璧。大王必欲急⑫臣，臣头今与璧俱碎于柱矣！」相如持其璧睨⑬柱，欲以击柱。秦王恐其破璧，乃辞谢固请，召有司案图⑭，指从此以往十五都予赵。相如度秦王特以诈详⑮为予赵城，实不可得，乃谓秦王曰：「和氏璧，天下所共传宝也，赵王恐，不敢不献。赵王送璧时，斋戒五日，今大王亦宜斋戒五日，设九宾于廷⑯，臣乃敢上璧。」秦王度之，终不可强夺，遂许斋五日，舍相如广成传⑰。相如度秦王虽斋，决负约不偿城，乃使其从者衣褐⑱，怀其璧，从径⑲道亡，归璧于赵。

【注释】

①章台：秦宫中的台观之一，故址在今陕西省咸阳市故城西南隅。②奏：呈献。③偿：抵偿。④瑕：玉上的斑点。⑤布衣：本指庶民百姓穿的衣服，后来便成为庶民的代称。⑥逆强秦之欢：损害与强大的秦国的友好关系和感情。逆，

抵触，挫伤。欢，欢心。⑦斋戒：古代礼仪之一，『斋』是指礼仪活动前沐浴更衣，独宿净室，使心地诚敬纯真。『戒』是指戒酒，戒荤，戒女色等。⑧庭：通『廷』，朝廷，这里是指正殿，表示赵王郑重其事，与下文『列观』形成对比。⑨严大国之威：尊重大国的威望。严，尊敬。⑩列观：一般的台观。观，指高台楼阁建筑。⑪倨：傲慢。⑫急：逼迫。⑬睨：斜着眼睛看。⑭有司：负责的官吏。官吏各有职司，故通称『有司』。案图：查阅地图。⑮度：衡量，估计。『详』，同『佯』。⑯设：备置。九宾：即《周礼·秋官·大行人》所说的『九仪』，本是周天子接待来朝诸侯宾客的礼仪，如上公之礼，包括执圭九寸，冕服九章（『章』是纹饰），建常（旗帜）九斿（『斿』是旗上的飘带类饰物），贰车九乘，介九人，礼九牢，飨礼九献，食礼九举等内容，是当时接待宾客的最高规格的礼仪。⑰舍：宾馆，这里用为动词，是『留宿』的意思。广成：传舍的名字。传：传舍，即宾馆。⑱衣褐：穿着褐衣。褐衣是贫贱之人所穿的粗麻布服装，这里是指化装出逃。⑲径：小路。

【译文】

秦王坐在章台接见蔺相如，相如双手捧着和氏璧献给秦王。秦王非常高兴，把和氏璧传给嫔妃和臣子们观赏，他们一齐欢呼起来，高喊『万岁』。蔺相如看出秦王并没有用城邑交换和氏璧的诚意，就走上前去说：『这玉璧上有些疵点，请让我指给大王看。』秦王把璧交还给他，相如便捧着璧往后倒退，靠着一根柱子，站定了，怒发冲冠，对着秦王说道：『大王想要得到和氏璧，派人送信给赵王，赵王把群臣召集到一起商议，大家都说「秦国贪得无厌，仗恃着自己的强大，只不过是想用空话骗取和氏璧，所谓用以交换和氏璧的城邑，恐怕是得不到的」。议定不能把和氏璧给秦国。而我认为，即使是平民百姓之间的交往，尚且不能相互欺骗，何况是大国之间的交往呢！再说，既然是强大的秦国所喜欢的东西，不能够为了这一块和氏璧而损伤了同秦国的感情。于是赵王就斋戒了五天，派我出使秦国，郑重地把和氏璧交给了我，在朝廷上恭恭敬敬的行拜礼送国书。为什么要这样呢？这是对大国的威望的尊重，表示敬意。今天我来到这里，大王却只在一般的台观接见我，礼节很是简慢；拿到了玉璧，又传给嫔妃们去观赏，这简直是在戏弄我。我看出大王您并无用城邑与赵国交换和氏璧的诚意，所以我又拿回了玉璧。大王要是逼迫我，把我逼急了，今天我的头就和玉璧一齐撞碎在这柱子上！』相如捧着那玉璧，两眼斜瞅着柱子，像是就要撞到柱子上去似的。秦王唯恐他会撞碎了玉璧，就连连道歉，请他千万不要那样做，并召来负责的官吏，打开地图查看，指着地图说从这里起的十五座城邑划给赵国。相如思忖着秦王说把城邑给赵国只不过是做样子骗骗人，其实赵国是得不到的，于是就对秦王说：『和氏璧是天下闻名的珍宝，赵王畏惧秦国，不敢不答应秦国的要求，把玉璧献给秦国。赵王要把和氏璧送来秦国之时，斋戒了五天，现在大王您也应当斋戒五天，在王宫正殿安排九宾迎接之典礼，我才好奉献上这玉璧。』秦王估计这情形，要强行夺取和氏璧不大可能，便同意斋戒五天，把蔺相如先安顿在广成宾馆住下。相如揣度，秦王虽然答应了斋戒，还是一定要背约的，决不会以城换璧，便派遣他的随从换上了粗布衣裳，打扮成平民百姓模样，把玉璧藏在怀中，抄小道逃走，将和氏璧送回了赵国。

【原文】

秦王斋五日后，乃设九宾礼于廷，引[1]赵使者蔺相如。相如至，谓秦王曰：『秦自缪公[2]以来二十余君，未尝有坚明约束者也。臣诚恐见欺于王而负赵，故令人持璧归，间[3]至赵矣。且秦强而赵弱，大王遣一介[4]之使至赵，赵立奉璧来。今以秦之强而先割十五都予赵，赵岂敢留璧而得罪于大王乎？臣知欺大王之罪当诛，臣请就汤镬[5]，唯大王与群臣孰[6]计议之。』秦王与群臣相视而嘻[7]。左右或欲引[8]相如去，秦王因曰：『今杀相如，终不能得璧也，而绝秦赵之欢，不如因[9]而厚遇之，使归赵，赵王岂以一璧之故欺秦邪！』卒廷见相如，毕礼[10]而归之。

【注释】

①引：带领。②缪公：秦国著名国君之一，名任好，公元前659年至621年在位，春秋五霸之一。缪，一作『穆』。③间：秘密地，悄悄地。④一介：一个。『介』有『微小』的意思。⑤汤镬：用镬盛水或油，加火烧沸，古代的烹刑即将犯人投入镬中煮死。镬，一种类似深腹大锅的炊具。⑥孰：同『熟』，仔细地，周密地。⑦嘻：惊怪之声。⑧引：拉。⑨因：顺着，趁着。⑩毕礼：完成了规定的礼仪。

【译文】

秦王斋戒五天之后，果真在王宫安排了九宾迎接的隆重典礼，派人去请来赵国的使者蔺相如。相如来到王宫，对秦王说：『秦国自缪公以来已有二十来位国君即位，可是还没有哪一位是毫不含糊地信守诺言的。我实在是怕受了您的欺骗而辜负了赵王的重托，所以已派人带着和氏璧回去了，他走小路现已回到了赵国。不过，秦国强大，赵国弱小，大王仅仅只派了一位使者到赵国，赵国立即就派我捧着玉璧给送来了。现在，以秦国的强大，如果真的先割让十五个城邑给赵国，赵国岂敢不交出和氏璧而得罪您大王呢？我知道，我犯有欺骗您的罪，应当杀头；我甘愿下汤锅受极刑，但这件事还请您大王与各位大臣仔细商议一下。』秦王与众大臣面面相觑，哭笑不得，发出惊怪之声。有的臣子气得要把相如捉下去，秦王便说道：『如今即使杀了蔺相如，也还是得不到和氏璧了，反而破坏了秦、赵两国的友好关系，不如依然好好予以接待，送他回赵国，难道赵王会因为一块和氏璧而欺骗秦国吗！』终于按照礼节在正殿上接见了相如，典礼结束，将相如送回了赵国。

【原文】

相如既归，赵王以为贤大夫使不辱于诸侯[①]，拜相如为上大夫[②]。秦亦不以城予赵，赵亦终不予秦璧。

【注释】

①贤大夫使不辱于诸侯：贤大夫出使于国外，在诸侯前没有让赵国丢脸。蔺相如出使秦国，已有大夫身份，故称『贤大夫』。一说『大夫』二字为衍文，『贤』字从上读作『赵王以为贤』。②上大夫：大夫中最高的一级，地位仅次于卿。

【译文】

蔺相如回到赵国后，赵王认为由于相如的机智与才干，出使于外，在诸侯面前维护了赵国的尊严，就拜相如做了上大夫。最终秦国并没有割城给赵国，赵国也就没有把和氏璧送给秦国。

【原文】

其后秦伐赵，拔石城[①]。明年，复攻赵，杀二万人。

【注释】

①拔石城：事在赵惠文王十八年（公元前281年）。石城，故地在今河南省林县西南。

【译文】

后来，秦国攻打赵国，攻占了石城。第二年，秦国再次进攻赵国，杀死了两万人。

【原文】

秦王使使者告赵王，欲与王为好会于西河外渑池①。赵王畏秦，欲毋行。廉颇、蔺相如计曰：『王不行，示赵弱且怯也。』赵王遂行，相如从。廉颇送至境，与王诀②曰：『王行，度道里会遇之礼毕，还，不过三十日。三十日不还，则请立太子为王，以绝秦望。』王许之，遂与秦王会渑池。秦王饮酒酣，曰：『寡人窃闻赵王好音，请奏瑟③。』赵王鼓瑟。秦御史④前书曰『某年月日，秦王与赵王会饮，令赵王鼓瑟』。蔺相如前曰：『赵王窃闻秦王善为秦声⑤，请奏盆缻⑥秦王，以相娱乐。』秦王怒，不许。于是相如前进缻，因跪请秦王。秦王不肯击缻。相如曰：『五步之内，相如请得以颈血溅大王矣⑦！』左右欲刃⑧相如，相如张目叱之，左右皆靡⑨。于是秦王不怿⑩，为一击缻。相如顾召赵御史书曰『某年月日，秦王为赵王击缻』。秦之群臣曰：『请以赵十五城为秦王寿⑪。』蔺相如亦曰：『请以秦之咸阳⑫为赵王寿。』秦王竟酒⑬，终不能加胜于赵。赵亦盛设兵⑭以待秦，秦不敢动。

【注释】

①为好：指讲和交好。西河：古代把黄河流过河套后南北流向的一段称为『西河』。此处言『西河外』，是从赵国的方位而言的。渑池：故地在今河南省渑池县西。②诀：告别。③奏瑟：弹瑟。瑟，一种丝弦的弹拨乐器，与琴相似，但器身较大，弦数较多。④御史：即史官，战国时御史掌管图籍文书，记录国家大事。⑤秦声：指秦地风格的歌曲。⑥奏盆缻：『奏』是呈献；『盆缻』是瓦制容器，唱歌时打节拍伴奏用。缻，同『缶』。⑦请得以颈血溅大王矣：从字面上看，是说蔺相如自杀颈上的血都可以溅到秦王身上；但言外之意，是说他也很容易把秦王杀死（因相距不过五步）。⑧刃：本指刀锋，此处用作动词，指用刀杀。⑨靡：倒下。⑩怿：喜悦。⑪为秦王寿：为秦王添

寿而作为献礼。古代把送礼、敬酒等都叫『为寿』，表示祝人长寿。⑫咸阳：秦的国都，故地在今陕西省咸阳市东北。⑬竟酒：酒宴终结。竟，完毕，终了。⑭盛：多。设兵：布置好军队。

【译文】

秦王派使者告诉赵王，希望与赵国修好，邀请赵王在西河之外的渑池相会。赵王畏惧秦国，不想去。廉颇、蔺相如商议道：『君王如果不去，显得赵国太虚弱与怯懦了。』赵王便前往赴会，相如随行。廉颇一直送到国境边，与赵王告别时说：『君王此行，按照路程、会见的典礼和归程推算，不应超过三十天。如果到三十天大王还不回来，请允许立太子为王，以断绝秦国对您进行要挟讹诈的念头。』赵王同意了。于是，赵王来到渑池与秦王相会。秦王喝酒喝到半醉，说：『我听说赵王喜好音乐，请给弹奏弹奏瑟吧！』赵王弹了瑟。秦国的御史走上前来，在史册上记载道：『某年某月某日，秦王会见赵王，宴会上命令赵王弹瑟。』蔺相如上前说：『赵王曾听说秦王擅长秦地的歌曲，请允许我给大王您献上盆缶，用以演奏娱乐。』秦王很生气，不肯答应。于是，相如更走上前去，进献瓦缶，并跪下相请。秦王仍然不肯击缶。相如说：『我与大王相距不过五步，（我这点请求您都不肯答应，）我的颈血将要溅到大王您的身上啦！』秦王的侍从要拿刀剑来杀相如，相如瞪大了眼睛大声地呵斥他们，吓得他们都慌忙后退。于是，秦王只得很不乐意地敲了一下缶。相如回头召来赵国的御史，说道：『某年某月某日，秦王为赵王敲缶奏乐。』秦国的大臣们说：『请赵国拿出十五座城邑来，作为给秦王祝寿的献礼。』蔺相如也说：『请拿出秦国的咸阳城来，作为给赵王祝寿的献礼。』这样一直到宴会结束，秦王终于没有能从赵王那里占到便宜。赵国已经布置了重兵戒备着，秦国也不敢在军事上轻举妄动。

【原文】

既罢[①]归国，以相如功大，拜为上卿，位在廉颇之右[②]。廉颇曰："我为赵将，有攻城野战之大功，而蔺相如徒以口舌为劳，而位居我上，且相如素贱人[③]，吾羞，不忍为之下。"宣言曰："我见相如，必辱之。"相如闻，不肯与会。相如每朝时，常称病，不欲与廉颇争列[④]。已而相如出，望见廉颇，相如引车避匿。于是舍人相与[⑤]谏曰："臣所以去亲戚而事君者，徒慕君之高义也。今君与廉颇同列，廉君宣恶言而君畏匿之，恐惧殊甚[⑥]，且庸人[⑦]尚羞之，况于将相乎！臣等不肖[⑧]，请辞去。"蔺相如固止之，曰："公之视廉将军孰与秦王[⑨]？"曰："不若也。"相如曰："夫以秦王之威，而相如廷叱之，辱其群臣，相如虽驽[⑩]，独畏廉将军哉？顾吾念之，强秦之所以不敢加兵于赵者，徒以吾两人在也。今两虎共斗，其势不俱生。吾所以为此者，以先国家之急而后私雠[⑪]也。"廉颇闻之，肉袒负荆[⑫]，因[⑬]宾客至蔺相如门谢罪。曰："鄙贱之人，不知将军宽之至此也。"卒相与欢，为刎颈之交[⑭]。

【注释】

①罢：结束，完了。②位在廉颇之右：蔺相如与廉颇虽同为上卿，但蔺相如的位次更排在廉颇之上。右，秦与汉初以前，以右为尊。③素贱人：一向是卑贱之人。④争列：争位次的先后。⑤相与：相偕，一起。⑥殊甚：太过分，特别过分。⑦庸人：常人，普通人。⑧不肖：不贤。此处是说反话、气话。⑨廉将军孰与秦王：廉将军比起秦王来怎么样？孰与，与……比怎么样。⑩驽：愚笨。⑪雠：同"仇"。⑫肉袒：脱衣露体。负荆：身背着荆木棍子。"荆"是一种灌木，用作笞杖之刑的刑具。⑬因：依。⑭刎：割。刎颈之交：指可以共生死的朋友。

【译文】

渑池之会结束回国，赵王认为此行蔺相如功劳很大，便拜蔺相如为上卿，位次排在廉颇之前。廉颇说：『我身为赵国的将军，攻城野战，立下大功，而蔺相如只不过动动口舌，竟然官位比我还要高了，况且蔺相如本来只是个出身卑贱的人，让我身居其下实在不能忍受，我感到羞耻。』他扬言说：『我见到蔺相如，一定要给他点难堪！』相如听说了，不肯与廉颇会面。每当朝会的时候，相如常常借口有病不去，避免为列次的先后与廉颇发生冲突。有一次，相如外出，远远地望见廉颇，相如即调转车头躲避。于是，相如门下的宾客们大家一齐进言道：『我们之所以离开亲属而服务于您的门下，只是为了仰慕您崇高的道义精神。现在，您与廉颇同居上卿之位，廉君散布了一些恶言恶语，而您就吓得东躲西藏，恐惧得不得了。这种事就连普通人也会觉得是羞辱，何况是身居将相高位的人呢？我们都是些缺乏修养的人，请允许我们告辞而去。』蔺相如坚决地挽留他们，说道：『诸位，你们看廉将军比秦王更强吗？』大家说：『当然比不上秦王了。』相如说：『尽管秦王是那样的威风凛凛，而我在秦国的宫廷上当众斥责他，羞辱他的大臣们，我虽然愚劣，难道单单就怕一个廉将军吗？我只不过是考虑到，强大的秦国之所以不敢对赵国发动战争，就是因为我们两个人在这里。现在如果两虎相争，势必不能同生共存。我之所以要忍辱回避，无非是把国家存亡大事放在前头，把个人的恩怨放在后头罢了！』廉颇听说了，脱衣露体，赤膊背着荆杖，由宾客介绍陪伴来到蔺相如府上请罪。他说：『我是个粗鄙浅陋的人，不料您宽容我、容让我到了这样的地步。』终于彼此和好，成为生死与共的朋友。

【原文】

是岁，廉颇东攻齐，破其一军。居二年①，廉颇复伐齐几②，拔之。后三年③，廉颇攻魏之防陵④、安阳⑤，拔之。

后四年[6]，蔺相如将而攻齐，至平邑[7]而罢。其明年，赵奢破秦军阏与[8]下。

【注释】

①居二年：赵惠文王二十三年，齐襄王八年，公元前276年。②几：邑名，故地在今河北省大名县东南。《赵世家》载廉颇于惠文王二十三年攻取魏国几邑。为同一事而将几邑分系两国，应有一误。或以为几邑介齐、魏之间，时或属魏，时或属齐，也成一说。③后二年：据《赵世家》等，此应是『后一年』，即在赵惠文王二十四年，公元前275年。④防陵：故地在今河南省安阳市西南，因防水而得名。⑤安阳：在魏本名宁新中，秦昭王五十年（公元前257年）秦军攻占后改名安阳，故地在今河南省安阳市东南。⑥后四年：赵惠文王二十八年，齐襄王十三年，公元前271年。⑦平邑：故地在今河南省南乐县东北。⑧阏与：故地在今山西省和顺县。《赵世家》载，赵惠文王二十九年（公元前270年），秦、韩相攻，而围阏与。赵使赵奢将，击秦，大破秦军阏与下。

【译文】

这一年，廉颇率军东进攻打齐国，歼灭了一支齐军。过了两年，廉颇再次攻打齐国，攻占了几邑。二年之后，廉颇攻打魏国，攻占了防陵、安阳。四年之后，蔺相如率军攻打齐国，攻到平邑而休战。第二年，赵奢在阏与城下击败了秦军。

【原文】

赵奢者，赵之田部[1]吏也。收租税而平原君[2]家不肯出租，奢以法治之，杀平原君用事者[3]九人。平原君怒，将杀奢。奢因说[4]曰：『君于赵为贵公子，今纵[5]君家而不奉公则法削，法削则国弱，国弱则诸侯加兵[6]，诸侯加兵是无赵也，君安得有此富乎？以君之贵，奉公如法则上下平⑦，上下平则国强，国强则赵固，而君为贵戚，岂轻于天下邪⑧？』平原君以为贤，言之于王。王用之治国赋，国赋大平，民富而府库实。

【注释】

①田部：负责农田生产管理及田赋租税征收事务的部门。②平原君：名赵胜，赵武灵王之子，惠文王之弟，封于东武城（今山东武城西北），号平原君。③用事者：当权管事的人。④因说：趁着辩解的时候劝谏平原君。⑤纵：放任。⑥加兵：指用武力来侵夺。⑦上下平：指政局稳定，上下同心。⑧岂轻于天下邪：哪里能被天下人轻视呢？指平原君会因为赵国的强大而受到天下诸侯的尊重。

【译文】

赵奢，是赵国田部的官吏。他负责征收租税的工作，但平原君家不肯按规定缴租。赵奢便执法惩治，将平原君家管事的人杀了九个。平原君大怒，要杀掉赵奢，赵奢于是进言说：『您是赵国的贵公子，现在如果放任您家不交租税，不遵从国家的规定，这样一来就会削弱法律的效力，法律失去了效力，就会导致国家衰弱；国家衰弱，就会引来诸侯入侵；诸侯入侵，就会灭掉赵国，到那时，您又怎么可能保有您的财富呢？反之，像您这样身居高位的人，维护国家利益，遵守国家法律，就会使全国上下一心；上下一心，就会使国家富强；国家富强了，赵氏的地位就会巩固，而您贵为国戚，难道还会被天下诸侯轻视吗？』平原君认为赵奢是个有才能的人，把他推荐给赵王。赵王让他管理全国的财政赋税。他果然将全国的财政赋税管理得井井有条，收支平衡，国民富足而国库充盈。

【原文】

秦伐韩，军于阏与。王召廉颇而问曰：『可救不？』对曰：『道远险狭，难救。』又召乐乘[1]而问焉，乐乘对如廉颇言。又召问赵奢，奢对曰：『其道远险狭，譬之犹两鼠斗于穴中，将勇者胜。』王乃令赵奢将，救之。

【注释】

①乐乘：本燕将，系名将乐毅族人，后来赵国封他为武襄君。

【译文】

秦国攻打韩国，军队驻扎在阏与。赵王召见廉颇问道：『可以不可以去救援呢？』廉颇回答说：『到阏与去的这段路，既远而又险峻狭小，难救了。』赵王又召见乐乘来问这件事，乐乘回答的话跟廉颇一样。赵王又召见赵奢来问，赵奢说：『那条路的确是既远而又险峻狭小，这就好比两只老鼠在洞中相斗一样，由骁勇的将领统帅的军队能够获胜。』赵王就命令赵奢为统帅，前去救援。

【原文】

兵去邯郸三十里，而令军中曰：『有以军事谏者死。』秦军军武安西[1]，秦军鼓噪勒兵[2]，武安屋瓦尽振。军中候[3]有一人言急救武安，赵奢立斩之。坚壁[4]，留二十八日不行，复益增垒。秦间[5]来入，赵奢善食而遣之。间以报秦将，秦将大喜曰：『夫去国三十里而军不行，乃增垒，阏与非赵地也。』赵奢既已遣秦间，乃卷甲而趋[6]之，二日一夜至，令善射者去阏与五十里而军。军垒成，秦人闻之，悉甲而至。军士许历请以军事谏，赵奢曰：『内之[7]。』许历曰：『秦人不意赵师至此，其来气盛，将军必厚集其阵以待之。不然，必败。』赵奢曰：『请受令[8]。』许历曰：『请就铁[9]

质之诛。”赵奢曰：“胥后令⑩邯郸。”许历复请谏，曰：“先据北山上者胜，后至者败。”赵奢许诺，即发万人趋之。秦兵后至，争山不得上，赵奢纵兵击之，大破秦军。秦军解而走⑪，遂解阏与之围而归。

【注释】

①军：是动词，军队驻扎。武安：故地在今河北省武安县西南。②鼓噪：擂鼓呐喊。勒兵：本指治军，统率军队，此指操练兵马。③候：负责侦察敌情的军吏。④坚壁：加固军营的壁垒。下文“增垒”意同。⑤间：间谍。⑥卷甲：将甲胄收卷起来。趋：疾走。军队不着甲胄是为了行动便捷，迅速挺进。⑦内之：“内”，通“纳”，意即“放他进来”。⑧请受令：请允许我接受你的指教。《资治通鉴》改“令”作“教”。⑨鈇：同“斧”。⑩胥：通“须”，等待。胥后令：是说等待以后的命令。⑪解而走：溃散而败逃。

【译文】

大军离开邯郸三十里，赵奢在军中下达命令说：“有敢对军事行动进言的处死刑。”秦军驻扎在武安城西，当秦军擂鼓呐喊，演习兵马的时候，武安城里房屋上的瓦片都在振动。军中一个侦察员请求赶紧去救援武安，赵奢立即将他斩首。他加固军营的壁垒，一直驻守了二十八天而没有向前推进，还继续修筑营垒。秦国派了间谍混入军营，赵奢用好菜好饭招待他，然后把他送出军营。间谍把看到的情况向秦国的将军作了报告，秦将大为高兴，说：“离开都城不过三十里就屯驻大军不敢前行，只是一味地加固营垒，这一下阏与不再是赵国的地盘了。”赵奢把秦国的间谍送走之后，命令全军换下甲胄，轻装全速挺进，两天一夜赶到阏与，布置了一批好射手在距阏与五十里的地方扎营。营垒构筑完毕，秦人也得知了消息，全军悉数赶来。军士许历请求对战事发表意见。赵奢说：“放他进来。”

许历说：『秦人没有料到赵国的军队突然来到这里，被激怒的秦军来进攻的气势必然旺盛，将军一定要集中兵力严阵以待，不然的话，会吃败仗的。』赵奢说：『这个意见可以采纳。』许历说：『请照军令把我处以死刑好了。』赵奢说：『等以后回到邯郸再说吧！』许历请求再发表意见，说：『能够先控制阏与北面的山头的一方必定能获得胜利，后去的一方必定要遭到失败。』赵奢表示同意，立即发兵万人快速占领了北山。秦军后来赶到，与赵军争夺北山而终于未能上山，赵奢指挥大军发动攻击，把秦军打得大败。秦军溃散而去，对阏与的包围被解除了，赵军胜利而归。

【原文】

赵惠文王赐奢号为马服君①，以许历为国尉②。赵奢于是与廉颇、蔺相如同位③。

后四年④，赵惠文王卒，子孝成王⑤立。七年⑥，秦与赵兵相距长平⑦，时赵奢已死，而蔺相如病笃⑧，赵使廉颇将攻秦，秦数败赵军，赵军固壁不战。秦数挑战，廉颇不肯。赵王信秦之间。秦之间言曰：『秦之所恶，独畏马服君赵奢之子赵括为将耳。』赵王因以括为将，代廉颇。蔺相如曰：『王以名使括，若胶柱而鼓瑟⑨耳。括徒能读其父书传⑩，不知合变⑪也。』赵王不听，遂将之。

【注释】

①马服君：因马服山而为号。马服山，在今河北省邯郸市西北。②国尉：官名，职掌军事的武官，职位仅次于将军。③同位：即『同列』，指级别相同。④后四年：指赵惠文王三十三年，公元前266年。⑤孝成王：名丹，公元前265年至245年在位。⑥七年：《六国年表》等载，长平之战在孝成王六年（公元前260年），此云『七年』，或自惠

文王卒计起第七年。⑦长平：故地在今山西省高平市西北。⑧笃：指病势沉重。⑨胶柱而鼓瑟：弹奏琴瑟，音调的高低要靠调节弦柱的松紧，柱将弦转紧，则音急调高；柱将弦调松，则音缓调低。如果用胶把柱粘牢了，就无法调节丝弦松紧，只能弹出一种调门。比喻僵化不变，单调死板。⑩书传：书籍和传述。⑪合变：应变，指灵活地对付变化着的情况。

【译文】

赵惠文王赐封赵奢，号『马服君』，任命许历为国尉。于是，赵奢有了同廉颇、蔺相如相同的官阶。

四年以后，赵惠文王去世，他的儿子孝成王即位。七年后，秦军与赵军在长平对峙。当时赵奢已死，而蔺相如也病势沉重。赵国派廉颇率军抗击秦兵，秦军接连打败赵军，赵军坚壁不出战。秦军屡次挑战，廉颇都不予理会。这时，赵王却听信了秦国的间谍的话。秦国的间谍故意放风说：『秦国所畏惧的，就只有马服君的儿子赵括统帅赵军！』赵王便真的任命赵括为将军，取代廉颇，蔺相如说：『大王只听赵括的名声就起用他，简直就像胶住了瑟的弦柱来弹瑟一样。（真是只知其一，不知其二。）赵括只不过会念念他父亲留下的书本，根本不懂得活用应变啊！』赵王不听，还是让他当了将军。

【原文】

赵括自少时学兵法，言兵事，以天下莫能当。尝与其父奢言兵事，奢不能难①，然不谓善。括母问奢其故，奢曰：『兵，死地也②，而括易言之。使赵不将括③即已，若必将之，破赵军者必括也。』及括将行，其母上书言于王曰：『括不可使将。』王曰：『何以？』对曰：『始妾事其父，时为将，身所奉饭饮而进食者④以十数，所友者以百数，大王及宗室所赏赐者尽以予军吏士大夫⑤，受命之日，不问家事。今括一旦为将，东向而朝⑥，军吏无敢仰视之者，王所赐金帛，归藏于家，而日视便利田宅可买者买之。王以为何如其父？父子异心⑦，愿王勿遣。』王曰：『母置之，吾已决矣。』括母因曰：『王终遣之，即有如不称⑧，妾得无随坐⑨乎？』王许诺。

【注释】

①难：反驳，提出不同意见。②兵，死地也：《孙子兵法》说：『兵者，国之大事，死生之地，存亡之道，不可不察也。』与本句意同。③不将括：不以赵括为将。『将』是使动用法。④身所奉饭饮而进食者：亲自侍奉饮食，以师长之礼对待的人。⑤军吏：指属下军官。士大夫：指幕僚。⑥东向而朝：赵括面向东而坐，接受部下的朝见。当时以面向东的座位为尊。⑦异心：指思想作风全然不同。⑧不称：不称职。⑨随坐：即连坐，一人犯法，他人一起受罚。

【译文】

赵括自小就学习兵法，谈论军事，自以为天下没有人能比得上他。有一次，他与父亲赵奢谈论起军事来，赵奢也难不倒他，但赵奢却并不认为他好。赵括的母亲问赵奢是什么缘故，赵奢说：『战争，是关系到生死存亡的大事，而赵括说起来竟那么轻巧松快。将来赵国不以赵括为将便罢了，如果真让赵括当了将军，使赵军吃败仗的，必定是赵括。』

等到赵括将要出发上前线的时候，赵括的母亲给赵王上书说道：『不能够让赵括当将军。』赵王说：『为什么呢？』赵括的母亲回答说：『当初我嫁给赵括的父亲的时候，那时赵括的父亲正做着将军，在军中由他亲自捧着饮食进献到面前，以长者之礼对待的人数以十计，他的朋友数以百计，大王及王室所赏赐的财物，他全部分给军吏和士大夫。从接受了出征命令的那天起，便再不过问家里的私事。如今赵括一下当上了将军，自己坐在官邸朝东的尊位，（摆出架子，）

接受部下的朝见，部下军吏们没有一个敢抬头正眼看他的；大王赏赐的钱财，他都拿回家收了起来，天天注意着有没有合适的田产房屋，可以买的就买下来。大王看看，他的所作所为怎么可以和他父亲相比呢？他们父子两人心思完全不同，希望大王就不要派他去了吧！』赵王说：『老夫人，你就别说了，我已经决定了。』于是赵括的母亲便说道：『大王一定要派他去，那么倘若他有不称职之处，我能免去连坐之罪吗？』赵王答应了她的要求。

【原文】

赵括既代廉颇，悉更约束，易置军吏。秦将白起①闻之，纵奇兵，详败走，而绝其粮道，分断其军为二，士卒离心。四十余日，军饿②，赵括出锐卒自博战，秦军射杀赵括。括军败，数十万之众遂降秦，秦悉阬③之。赵前后所亡凡四十五万。明年④，秦兵遂围邯郸，岁余，几不得脱。赖楚、魏诸侯来救⑤，迺⑥得解邯郸之围。赵王亦以括母先言，竟不诛也。

【注释】

①白起：秦国名将。②四十余日，军饿：《白起王翦列传》载，『赵卒不得食四十六日，皆内阴相杀食』。③阬：同『坑』，活埋。④明年：赵孝成王八年，公元前258年。⑤赖楚、魏诸侯来救：平原君偕毛遂赴楚求援，楚有春申君率军救赵；魏有信陵君窃符救赵。⑥迺：同『乃』。

【译文】

赵括取代了廉颇之后，全面更改规章，撤换军吏。秦将白起得到了这一情报，立即将部队作了出人意料的调遣，佯装败走，却偷袭截断了赵军运输军粮的道路，并将赵军切割为两部，顿使赵军军心涣散。四十多天后，赵军断粮饿饭，赵括亲自带着精锐的部队冲出，与秦军肉搏拼杀。秦军将赵括射死，赵军溃败，数十万大军只好投降，秦军把投降的赵军全都给活埋了。在这一战役中，赵国前后损失的兵员共计四十五万人。第二年，秦军乘胜包围了邯郸，长达一年有余，几乎不能脱险。后来幸亏有楚国、魏国等诸侯来救援，方才解除了秦军对邯郸的包围。因为赵括的母亲曾经有言在先，所以赵王也没有加罪于她。

【原文】

自邯郸围解五年①，而燕用栗腹②之谋，曰『赵壮者尽于长平，其孤未壮』，举兵击赵。赵使廉颇将，击，大破燕军于鄗③，杀栗腹，遂围燕。燕割五城请和，乃听之④。赵以尉文⑤封廉颇为信平君，为假相国⑥。

【注释】

①自邯郸围解五年：邯郸解围在赵孝成王九年（公元前257年），据《六国年表》及《燕召公世家》，栗腹攻赵在燕王喜四年，即赵孝成王十五年（公元前251年），中间相距不止五年。梁玉绳等认为『五年』是『七年』之误，王伯祥认为不计解围当年及谋赵当年，恰为五年。②栗腹：燕丞相。燕王喜命栗腹与赵结好，赠赵王五百金，栗腹自赵归燕，为燕王图谋击赵。③鄗：故地在今河北省柏乡县北。④乃听之：《燕世家》载，当时赵国提出要求由主张与赵友好的大夫将渠担任燕相，方允讲和。燕王任命将渠为相，燕、赵媾和。⑤尉文：邑名，故地今已不可详考。信平君：封号。⑥假相国：代理相国。有人推测其时蔺相如当已死去，故以廉颇代为相国。

【译文】

邯郸解围之后五年，燕国的国相栗腹说：『赵国的壮丁全都死于长平之战了，而他们遗留的孤儿还没有长大成人（可以乘机攻赵）。』便派出军队攻打赵国。赵国任命廉颇率军抗击，在鄗地将燕军打得大败，杀死了栗腹，并趁势包围了燕国的国都。燕国愿意割让五座城邑来求和，赵国答应了。赵王把尉文封给廉颇作食邑，封号『信平君』，并任命他为假相国。

【原文】

廉颇之免长平归也，失势之时，故客①尽去。及复用为将，客又复至。廉颇曰：『客退矣！』客曰：『吁！君何见之晚也②？夫天下以市道③交，君有势，我则从君，君无势则去，此固其理也，有何怨乎！』居六年④，赵使廉颇伐魏之繁阳⑤，拔之。

【注释】

①故客：旧时门下的食客。②君何见之晚也：犹言『君见之何晚也』。见之，看问题；晚，指迟钝，不合时宜，落后于形势。③市道：市场上做交易的办法。④居六年：按，自赵孝成王十五年（公元前 251 年）破燕军，杀栗腹算起，过六年是赵孝成王二十一年，魏安釐王三十二年，公元前 245 年。⑤繁阳：故地在今河南省内黄县东北。

【译文】

廉颇从长平免官而归，失去权势的时候，旧时门下的宾客都走光了。等到他再次被任命为将军的时候，那些宾客又都找上门来。廉颇说：『诸位都请回去吧！』那些宾客却说：『哎，您怎么还抱着那陈腐过时的见解呀？现在天下交友之道，都跟市场做交易一般，您有了权势，我们就跟您走；您没了权势，我们就离去，这本来是很自然的道理，您又何必怨恨呢！』过了六年，赵王派廉颇攻打魏国的繁阳，占领了该城。

【原文】

赵孝成王卒，子悼襄王[1]立，使乐乘代廉颇。廉颇怒，攻乐乘，乐乘走。廉颇遂奔魏之大梁[2]。其明年[3]，赵乃以李牧为将而攻燕，拔武遂、方城[4]。

【注释】

①悼襄王：名偃，公元前244年至236年在位。②大梁：魏国都，故地在今河南省开封市。③其明年：赵悼襄王二年，即燕王喜十二年，公元前243年。④武遂：故地在今河北省徐水县西遂城镇。方城：故地在今河北省固安县南。

【译文】

赵孝成王去世后，他的儿子悼襄王即位，让乐乘接替廉颇。廉颇很生气，要杀掉乐乘，乐乘出走，廉颇也逃到魏国的大梁。第二年，赵国任用李牧为将军进攻燕国，攻克了武遂、方城两个城邑。

【原文】

廉颇居梁久之，魏不能信用。赵以数困于秦兵，赵王思复得廉颇，廉颇亦思复用于赵。赵王使使者视廉颇尚可用否。廉颇之仇郭开多与使者金，令毁[1]之。赵使者既见廉颇，廉颇为之一饭斗米，肉十斤[2]，被[3]甲上马，以示尚可用。赵使还报王曰：『廉将军虽老，尚善饭，然与臣坐，顷之三遗矢矣[4]。』赵王以为老，遂不召。

【注释】

①毁：诋毁，诽谤。②一饭斗米，肉十斤：战国时各国度量衡制度不同，如按秦制折算（汉初沿用），一斗大

约为今二千毫升，一斤大约为今二百五十克。③被：通『披』，穿着。④顷之三遗矢：一会儿工夫就大便了三次。矢，通『屎』。这是说廉颇的生理机能已老化，消化系统的器官功能已衰退。是使者诋毁之辞。

【译文】

廉颇在大梁住了很长时间，魏国并不任用他。而赵国这时屡屡受挫于秦军，赵王打算再次起用廉颇，廉颇也希望再为赵国效力。赵王派遣使者去看望廉颇，观察一下廉颇是否尚可任用。与廉颇有私仇的郭开，给使者送了许多金钱，叫他诋毁廉颇。赵国的使者与廉颇见了面，廉颇特地一顿饭吃了一斗米，十斤肉，披甲上马，表示自己身体健壮尚可任用。使者回国后向赵王报告说：『廉将军虽然老了，饭量还好，不过和我坐在那里，一会儿就拉了三次屎。』赵王觉得廉颇已经老而无用了，便不再召他回国。

【原文】

楚闻廉颇在魏，阴使人迎之。廉颇一①为楚将，无功，曰：『我思用赵人。』廉颇卒死于寿春②。

【注释】

①一：是语助词，无义。②寿春：故地在今安徽省寿县。楚考烈王二十二年（公元前241年），即秦王政六年，楚为避秦威逼，迁都寿春，仍称之为郢。

【译文】

楚国听说廉颇在魏国，暗地里派人把他接去。廉颇当了楚国的将军，却没能建树什么战功，他说：『我真希望还能够指挥赵国的战士啊！』廉颇终于死在楚国的寿春。

【原文】

李牧者①，赵之北边良将也。常居代雁门②，备匈奴。以便宜③置吏，市租皆输入莫④府，为士卒费。日击数牛飨⑤士，习射骑，谨烽火⑥，多间谍，厚遇战士。为约曰：『匈奴即入盗，急入收保⑦，有敢捕虏者斩。』匈奴每入，烽火谨，辄入收保，不敢战。如是数岁，亦不亡失。然匈奴以李牧为怯，虽赵边兵亦以为吾将怯。赵王让⑧李牧，李牧如故。赵王怒，召之，使他人代将。

【注释】

①李牧：《战国策·赵策》及《秦策》云，李牧一名缳。②代雁门：代地的雁门郡。『代』是古国之名，在今河北省蔚县一带，代国为赵所灭。雁门郡，辖地相当于今山西省宁武、五寨、河曲等县以北，恒山以西，内蒙古黄旗海、岱海以南地区。③便宜：指不按照规定章程，而根据实际需要灵活处理。④莫：通『幕』，指军队屯驻在外时将帅的营帐，因为以帐幕作为办公理事的府署，故称『幕府』。⑤飨：以食物供给、招待。⑥谨：慎。烽火：古代用以传递敌军进犯情报的设施，每相隔一定距离筑一高台，台上树立高木，有桔槔一类的举高装置，一头有容器可安放薪柴，敌寇入侵，则高高举起，白日举烟，夜晚举火。⑦保：通『堡』，堡垒。⑧让：责备，批评。

【译文】

李牧，是赵国北部边境的优秀将领。曾驻守在代地雁门郡一带，防御匈奴。他因地制宜地设置官吏，把征收的租税运送到军营，充作军队的口粮和费用。李牧每天让人宰杀几头牛供给士兵们食用，让士兵们练习射箭和骑马，特别注重通报敌情的烽火设施，增加了许多侦探、间谍，对战士们很关心优待。他制订的规章是：『匈奴即使侵入边境来抢掠，我军应迅速退入堡垒中固守，有敢于逞能捉捕匈奴的斩首处死。』每当匈奴入侵，烽火台及时地发出警报，李牧的军队就立即退入堡垒，不敢同匈奴作战。像这样一连好几年，倒也没有什么损失。而匈奴则认为李牧怯懦，就连赵国守边的兵士也都以为自己的将军胆小。赵王为此责备李牧，李牧依然如故，我行我素。赵王很生气，把他召回国都，改派他人接替他担任将军。

【原文】

岁余，匈奴每来，出战。出战，数不利，失亡多，边不得田畜①。复请李牧。牧杜门不出，固称疾②。赵王乃复强起使将兵。牧曰：『王必用臣，臣如前③，乃敢奉令。』王许之。

【注释】

①边不得田畜：边境地区不能种田和畜牧。田，耕作。畜，放牧。②固称疾：坚决地托言有病。③臣如前：我仍照从前的办法。

【译文】

这以后一年多，每次匈奴一来，赵军就出而迎战。但出战屡屡失利，损失严重，边境不安，无法正常耕作和放牧。赵王只好再请李牧去负责边防。李牧闭门不出，坚持说自己有病。赵王再三强令李牧，非让他统帅军队不可。李牧说：『大王一定要任用我，就得答应我还是照我从前的老办法做，这样我才敢接受任命。』赵王同意了。

【原文】

李牧至，如故约。匈奴数岁无所得。终以为怯。边士日得赏赐而不用，皆愿一战。于是乃具①选车得千三百乘，选骑得万三千匹，百金之士[②]五万人，彀者[③]十万人，悉勒习战[④]。大纵畜牧，人民满野。匈奴小入，详北[⑤]不胜，以数千人委之。单于[⑥]闻之，大率众来入。李牧多为奇陈[⑦]，张左右翼击之，大破杀匈奴十余万骑。灭襜褴，[⑧]破东胡，[⑨]降林胡，[⑩]单于奔走。其后十余岁，匈奴不敢近赵边城。

【注释】

①具：准备。『具』的内容，包括下列『选车』『选骑』，选『百金之士』和『彀者』数项。②百金之士：《集解》引《管子》：『能破敌擒将者赏百金。』意指骁勇善战敢死之士。③彀者：优秀的射手。彀，指拉满强弓。④悉勒习战：都组织起来练习作战。勒，统率。习战，指进行作战训练。⑤详北：佯败。北，败走。⑥单于：匈奴君王的称号。⑦陈：通『阵』。⑧襜褴：胡国名，在代地北方。⑨东胡：北方民族名称，为乌丸（一称『乌桓』）之祖，其别派即后世的鲜卑，因在匈奴之东，故称为『东胡』。⑩林胡：北方民族名称，活动于今河北省张家口市以北及内蒙古自治区呼和浩特一带。

【译文】

李牧回到军中，恢复规定一如从前。一连几年，匈奴一无所获。他们总以为是李牧胆怯。边防上的士兵们每天受到赏赐而无用武之地，都希望有机会打仗。于是，李牧进行准备，挑选了战车一千三百辆，战马一万三千匹，骁勇善战之士五万名，优秀弓箭射手十万名，全部都组织起来，严格地进行作战训练。他让百姓们四出放牧，原野上到处都是赵国的人。匈奴发动了小规模的入侵，李牧佯装打不赢而败退，任匈奴掠走数千人。单于听到了这个消息，率领大军大举进犯。李牧设置了许多迷离变幻的战阵，以左右两翼包抄突袭，一举杀掉匈奴骑兵十余万，大获全胜。

这一仗，消灭了襜褴，打败了东胡，并使林胡投降，单于遁逃远方。在这次战役后的十多年里，匈奴再也不敢接近赵国的边境了。

【原文】

赵悼襄王元年，廉颇既亡入魏，赵使李牧攻燕，拔武遂、方城。居二年①，庞煖破燕军②，杀剧辛③。后七年④，秦破杀赵将扈辄于武遂⑤，斩首十万。赵乃以李牧为大将军，击秦军于宜安⑥，大破秦军，走秦将桓齮⑦。封李牧为武安君⑧。居三年，秦攻番吾⑨，李牧击破秦军，南距韩、魏⑩。

【注释】

①居二年：赵悼襄王三年，燕王喜十三年，公元前242年。②庞煖破燕军：庞煖，赵将，素与剧辛交好。燕欲乘赵疲弱击之，命剧辛率军攻赵，赵使庞眴击之，取燕军二万，杀剧辛。③剧辛：本赵人，后仕燕为将。④后七年：赵王迁二年，秦王政十三年，公元前234年。⑤扈辄：赵将。汉初彭越属将亦有名『扈辄』的，不是一人。武遂：《赵世家》作『武城』，故地在今河北省磁县南，不是上文李牧所取燕武遂。⑥宜安：故地在今河北省藁城县西南。⑦桓齮：秦王政十年（公元前237年）为将军，攻城野战，军功甚多。⑧武安君：封号名，武安，邑名，故地在今河北省武安县一带。⑨番吾：故地在今河北省磁县一带。⑩南距韩、魏：当时韩已向秦称臣，魏则献地于秦，皆听命于秦，故李牧需同时抵御韩、魏。《赵世家》系此事于赵王迁四年（公元前232年）。

【译文】

赵悼襄王元年（公元前244年），廉颇已出逃到了魏国，赵王派李牧攻打燕国，攻陷了武遂和方城。过了两年，庞煖率军击败燕军，杀燕将剧辛。七年以后，秦军在武遂打败赵军，杀赵将扈辄，斩首十万。赵王任命李牧为大将军，在宜安抗击秦军，把秦军打得大败，赶走了秦将桓齮。于是，赵王封李牧为武安君。过了三年，秦军进攻番吾，李牧再次击败秦军，并在南线抗御韩、魏两国。

【原文】

赵王迁七年①，秦使王翦②攻赵，赵使李牧、司马尚③御之。秦多与赵王宠臣郭开金，为反间④，言李牧、司马尚欲反。赵王乃使赵蒽⑤及齐将颜聚代李牧。李牧不受命，赵使人微⑥捕得李牧，斩之⑦。废司马尚。后三月，王翦因急击赵，大破杀赵蒽，虏赵王迁及其将颜聚⑧，遂灭赵。

【注释】

①赵王迁七年：即秦王政十八年，公元前229年。迁，悼襄王庶子，在位八年，赵灭于秦。②王翦：秦名将，频阳（今陕西省富平县）东乡人。曾率秦军灭赵、燕、魏、楚等国，在秦统一天下的战争中军功最多。③司马尚：赵将军。④反间：利用伪造的情报调动敌方。⑤蒽：即『葱』。⑥微：秘密地，不公开地。⑦斩之：李牧之死，《战国策·秦策》谓赵王赐死，李牧自杀身死；刘向《列女传》卷七谓赵王迁之母倡后，淫佚不正，多受秦贿，而使王诛其良将武安君李牧。说法不尽相同。⑧虏赵王迁及其将颜聚：《赵世家》载，赵蒽军破，颜聚亡去，以王迁降。

【译文】

赵王迁七年，秦国派王翦率军攻赵，赵王派李牧和司马尚带兵抵抗。秦国用大笔金钱贿赂赵王的宠臣郭开，让他向赵王提供假情报，说李牧和司马尚企图反叛。赵王便改派赵葱及齐将颜聚取代李牧。李牧不肯服从命令，赵王叫人暗中逮捕了李牧，将他处死。又罢免了司马尚。三个月之后，王翦趁势向赵国发动猛烈进攻，大败赵军，杀了赵葱，俘虏了赵王迁及将军颜聚，终于灭掉了赵国。

【原文】

太史公曰：知死必勇，非死者难也，处死者难①。方蔺相如引璧睨柱，及叱秦王左右，势不过诛，然士或怯懦而不敢发②。相如一奋其气③，威信④敌国，退而让颇，名重太山⑤，其处智勇，可谓兼之矣！

【注释】

①处死者难：死得其所才是真正的难。『处死』指要死得是地方，死得有价值，不是无谓地去死。参看《季布栾布列传》太史公语。②发：发作，表现出来。③一：是表示程度的副词，类似今天口语中『一……就……』的句式。奋：奋发扬厉。气：气概，精神。④信：通『伸』，伸张。威伸敌国：是指蔺相如在敌国威风凛然，令敌震慑。⑤太山：即泰山。

【译文】

太史公说：既知自己将要死去而依然神色从容，必是大勇之人。并不是『死』本身有多难，真正要死得其所，死得有价值，才是一件难事。当蔺相如捧起和氏璧，斜视着柱子的时候，以及当他叱责秦王的左右侍从的时候，大不了也就是一死而已，然而有的人却由于怯懦而不敢这样去做。蔺相如（就这样做了，）正气凛然，威震敌国；而对廉颇却能忍辱退让。他的英名重于泰山，他在关键时刻的表现，真可以说是大智大勇，智勇双全了！

吕不韦列传

【原文】

吕不韦者，阳翟大贾①人也。往来贩②贱卖贵，家累千金③。

【注释】

①阳翟：韩国邑名，韩景侯（公元前408年至前400年在位）时迁都于此，公元前375年韩哀侯自此迁都于郑（今河南新郑），在今河南禹县。贾：商人。②贩：买货出卖。③金：秦国货币单位，以黄金一镒为一金。一镒等于二十两，或谓二十四两。一两约合十六点二二克。

【译文】

吕不韦是阳翟的大商人。往来各地低价收货高价出手，家产积累达到千金。

【原文】

秦昭王四十年①，太子②死。其四十二年，以其次子安国君③为太子。安国君有子二十余人。安国君有所甚爱姬，立以为正夫人，号曰华阳夫人。华阳夫人无子。安国君中男名子楚④，子楚母曰夏姬，毋爱。子楚为秦质子⑤于赵。秦数⑥攻赵，赵不甚礼子楚。

【注释】

①秦昭王：亦称秦昭襄王，名稷，一名侧，秦惠王之子，秦武王之异母弟，公元前306年至前251年在位。详见本书《秦本纪》。秦昭王四十年，即公元前276年。②太子：即悼太子。此年死于魏国。③安国君：即秦孝文王，

初封安国君，名柱，母唐八子，公元前250年在位。详见本书《秦本纪》。④子楚：即秦庄襄王，初名异人，或谓子楚系其见华阳夫人求立为嗣子所改，公元前249年至前247年在位。详见本书《秦本纪》。⑤质子：人质。春秋战国时代，各国诸侯出于政治需要，常将子弟作为人质派住别国，以取信对方。⑥数：屡次，频繁。

【译文】

秦昭王四十年（公元前276年），太子死去。四十二年（公元前274年），秦昭王将他的次子安国君立为太子。安国君有儿子二十多个。安国君有位非常宠爱的姬妾，便立她为正夫人，号称华阳夫人。华阳夫人没有儿子。安国君中间的一个儿子名叫子楚，子楚的母亲叫夏姬，不受安国君宠爱。子楚作为秦国的人质到赵国。秦军多次进攻赵国，所以赵国对子楚不很礼貌。

【原文】

子楚，秦诸庶孽①孙，质于诸侯，车乘进用不饶②，居处困，不得意。吕不韦贾邯郸③，见而怜之，曰「此奇货可居④」。乃往见子楚，说曰：「吾能大子之门⑤。」子楚笑曰：「且自大君之门，而乃大吾门！」吕不韦曰：「子不知也，吾门待子门而大。」子楚心知所谓，乃引⑥与坐，深语。吕不韦曰：「秦王老矣，安国君得为太子。窃闻安国君爱幸华阳夫人，华阳夫人无子，能立適嗣⑦者独华阳夫人耳。今子兄弟二十余人，子又居中，不甚见幸，久质诸侯。即大王薨⑧，安国君立为王，则子毋几得与长子⑨及诸子旦暮在前者争为太子矣。」子楚曰：「然。为之奈何？」吕不韦曰：「子贫，客于此，非有以奉献于亲及结宾客也。不韦虽贫，请以千金为子西游，事安国君及华阳夫人，立子为適嗣。」子楚乃顿首⑩曰：「必如⑪君策，请得分秦国与君共之。」

【注释】

①庶孽：嫡长子之外的庶出旁支。②进用：费用。一说「进」通「赆」。饶：富饶，富裕。③邯郸：赵国国郡，在今河北邯郸。④奇：稀奇，罕见。居：囤居，积存。奇货可居，指罕见的货物可以积存着卖大价钱。这是吕不韦借用商人行话，比喻子楚是个可以谋取巨大利益的人物。⑤大：扩大，光大。门：门庭，门第。大子之门，此为双关语，表面上讲扩大门庭，改变「居处困」的现状，实指提高地位，改换身份。⑥引：引进，招致。⑦適：通「嫡」，嫡子。嗣：继嗣，继承人。⑧即：倘若，如果。薨：古代对诸侯之死的专称。⑨毋：无，没有。几：通「机」，机会。或谓通「冀」，期望，希望。长子：指安国君的长子。据《战国策·秦策五》，叫子傒。⑩顿首：叩头，头叩地而拜。为古代九拜之一。⑪必：果真，果然。如：依照，顺遂。

【译文】

子楚是秦国公室庶出别支的孙子，作为人质在诸侯国家，所以车辆马匹、费用开销都不富裕，居所处境相当窘困，很不得志。吕不韦到邯郸做生意，看见子楚而怜惜他，说「这真是稀罕的宝货，可以存积着卖大价钱」。于是前往会见子楚，说道：「我能够光大您的门庭。」子楚笑着说：「暂且先光大您的门庭，而后再来光大我的门庭。」吕不韦说：「您不知道啊，我的门庭要等待您的门庭光大才能光大。」子楚心中领会吕不韦所说的意思，于是请进去一起坐下，推心置腹深入交谈。吕不韦说：「秦王已经老了，安国君得机会立为太子。鄙人听说安国君宠幸喜爱华阳夫人，华阳夫人没有儿子，但能够决定选立谁为嫡子继承人的只有华阳夫人。如今您兄弟二十多人，您又排行居中，不太受宠爱，所以长时间当人质住在诸侯国家。一旦大王去世，安国君继立为王，您就没有机会能够跟长子及其余儿子早晚在父王面前争夺当太子了。」子楚说：『是这样。对这怎么办？』吕不韦说：『您资财贫乏，客居在此，没有什么可以拿来奉献给双亲和结交宾客。我吕不韦虽然也资财贫乏，但请让我用千金作资本为您西游秦国，孝敬安国君和华阳夫人，促成他们立您为嫡子继承人。』子楚立即叩头而拜说：『您的计策果真如愿，就请让我与您共同分享秦国。』

【原文】

吕不韦乃以五百金与子楚，为进用，结宾客；而复以五百金买奇物玩好，自奉而西游秦，求见华阳夫人姊，而皆以其物献华阳夫人。因言子楚贤智，结诸侯宾客遍天下，常曰『楚也以夫人为天』，日夜泣思太子及夫人。夫人大喜。不韦因使其姊说夫人曰：『吾闻之，以色事人者，色衰而爱弛。今夫人事太子，甚爱而无子，不以此时蚤①自结于诸子中贤孝者，举立以为適而子之。夫在则重尊，夫百岁之后②，所子者为王，终不失势。此所谓一言而万世之利也。不以繁华时树本③，即色衰爱弛后，虽欲开一语，尚可得乎？今子楚贤，而自知中男也，次不得为適，其母又不得幸，自附夫人。夫人诚以此时拔以为適，夫人则竟世有宠于秦矣。』华阳夫人以为然，承④太子间，从容⑤言子楚质于赵者绝贤，来往者皆称誉之。乃因涕泣曰：『妾幸得充后宫，不幸无子，愿得子楚立以为適嗣，以托妾身。』安国君许之，乃与夫人刻玉符，约以为適嗣。安国君及夫人因厚馈遗⑥子楚，而请吕不韦傅之，子楚以此名誉益盛于诸侯。

【注释】

①蚤：通『早』。②百岁之后：即百年之后，对人死的委婉说法。古以百年为人寿之期。③繁华：繁花，花朵盛开。比喻年轻貌美、风华正茂。本：根，根基。④承：承奉，趁着。⑤从容：舒缓，随意，随便。⑥馈：馈赠。此用作名词，指馈赠的礼品。遗：赠予，致送。

【译文】

吕不韦于是拿出五百金给子楚，作为开销费用，去结交宾客；同时又拿出五百金购置珍奇宝物、玩赏佳品，自己带着西进游说秦国，请求谒见华阳夫人的姐姐，把他带来的物品全部进献给华阳夫人。借机称说子楚贤能聪明，结交诸侯宾客遍布天下，还常常念叨『我子楚把华阳夫人当作自己的天』，日夜悲泣思念着太子安国君和夫人。华阳夫人极为高兴。吕不韦就让她的姐姐劝说华阳夫人道：『我听说这样的话，凭色相事奉人的，容颜衰老便会宠爱减退。如今夫人事奉太子，深受宠爱但没有儿子，何不趁这时机早早从诸子中物色一位贤能孝顺的，推举立他为嫡正而认作自己的儿子。（那样的话，）夫君健在就权重位尊；夫君倘若过世，所认的儿子登立为王，终身不会丧失权势。这就是人们所说的一句话而千秋万代受益啊。不趁着现在风华正茂的时候树立根基，如果待到容颜衰老宠爱减退之后，即使想只开口说上一句话，还有可能吗？如今子楚贤能，明知自己是排行居中的儿子，按次序不能做嫡子，他的母亲又不受宠幸，所以自愿依附夫人。夫人果真能乘此时机选拔他为嫡子，夫人就一辈子在秦国享有荣华富贵了。』华阳夫人认为确实如此，趁着太子空闲的时候，装着随意的样子说子楚当作人质在赵国极有才能，来来往往的人全都交口称赞他。于是就流着眼泪说：『贱妾有幸充列后宫，不幸没有儿子，希望将子楚扶立为嫡子继承人，来寄托贱妾的后半生。』安国君答应此事，便和华阳夫人刻玉石符节为信物，相约以子楚作嫡子继承人。安国君和华阳夫人就备了厚礼送给子楚，同时请吕不韦辅助他。子楚的名望声誉因此在诸侯中越来越大。

【原文】

吕不韦取邯郸诸姬绝好[1]善舞者与居，知有身[2]。子楚从不韦饮，见而说之，因起为寿[3]，请之。吕不韦怒，念业已[4]破家为子楚，欲以钓奇[5]，乃遂献其姬。姬自匿有身，至大期[6]时，生子政[7]。子楚遂立姬为夫人。

【注释】

①取：选取。或谓通『娶』。绝好：绝色，容貌出众。②有身：有娠，有身孕。③寿：祝寿，祝福，祝酒。④业已：既已，已经。⑤钓奇：引诱奇货上钩。奇，即上文『奇货可居』之『奇货』，指子楚。⑥大期：期年，一年，指分娩超过产期。或谓正常产期，即十月。⑦政：即秦始皇。

【译文】

吕不韦从邯郸女子中选取一个容貌出众、能歌善舞的，与她同居，不久知她怀有身孕。子楚跟着吕不韦来喝酒，见着那女子并喜欢上她，便在席间起身为吕不韦敬酒祝福，请求要那女子。吕不韦很恼怒，但转念已经为子楚倾家荡产，目的是要猎获他这个宝货，于是便献出了他的那位姬妾。那女人隐瞒自己怀有身孕，到十二个月时，生下儿子政。子楚就立她为夫人。

【原文】

秦昭王五十年，使王齮[1]围邯郸，急，赵欲杀子楚。子楚与吕不韦谋，行[2]金六百斤予守者吏，得脱，亡赴秦军，遂以得归。赵欲杀子楚妻子，子楚夫人赵豪家女也，得匿，以故母子竟得活。秦昭王五十六年，薨，太子安国君立为王，华阳夫人为王后，子楚为太子。赵亦奉子楚夫人及子政归秦。

【注释】

①王齮：亦称『王龁』，秦国将军，曾任左庶长，死于公元前二四四年。②行：赐，给予。

【译文】

秦昭王五十年（公元前257年），秦派遣王齮领兵围攻邯郸，情况紧急，赵国准备杀死子楚。子楚与吕不韦商量，送黄金六百斤给看守的官吏，得以脱身，逃亡投奔秦国军队，于是得到机会返回祖国。赵国又准备杀死子楚的妻儿，子楚夫人是赵国豪门大家的女儿，得到藏匿，因此母子最后保全了性命。秦昭王五十六年（公元前251年），昭王去世，太子安国君即位为王，华阳夫人立为王后，子楚立为太子。赵国也就送子楚的夫人和儿子政回归秦国。

【原文】

秦王立一年，薨，谥为孝文王。太子子楚代立，是为庄襄王。庄襄王所母①华阳后为华阳太后，真母②夏姬尊以为夏太后。庄襄王元年，以吕不韦为丞相③，封为文信侯，食河南、雒阳④十万户。

【注释】

①所母：拜认的母亲，养母。②真母：生身母亲。③丞相：官名，秦国辅佐国君的高级行政长官。④河南：秦国县名，属三川郡，在今河南洛阳西。雒阳：秦国县名，三川郡治所，在今河南洛阳东北。或以『河南雒阳』连读，以汉河南郡治雒阳当之。

【译文】

秦王在位一年去世，谥号为孝文王。太子子楚继代即位，这就是庄襄王。庄襄王所认养母华阳后为华阳太后，生母夏姬尊奉为夏太后。庄襄王元年（公元前249年），任命吕不韦为丞相，封为文信侯，食邑河南、雒阳十万户。

【原文】

庄襄王即位三年，薨，太子政立为王，尊吕不韦为相国①，号称“仲父②”。秦王年少，太后时时窃私通吕不韦。不韦家僮万人。

【注释】

①相国：官名，即相邦。“邦”作“国”，系汉人避高祖刘邦名讳。为秦国最高政务长官。②仲父：叔父。

【译文】

庄襄王即位三年去世，太子政继立为王，尊奉吕不韦为相国，号称“仲父”。秦王年纪还小，太后常常暗中与吕不韦私通。吕不韦家中僮仆有万人。

【原文】

当是时，魏有信陵君①，楚有春申君②，赵有平原君③，齐有孟尝君④，皆下士喜宾客以相倾。吕不韦以秦之强，羞不如，亦招致士，厚遇之，至食客三千人。是时诸侯多辩士，如荀卿⑤之徒，著书布天下。吕不韦乃使其客人人著所闻，集论以为八览、六论、十二纪⑥，二十余万言。以为备天地万物古今之事，号曰《吕氏春秋》。布咸阳市门，悬千金其上，延诸侯游士宾客有能增损一字者予千金。

【注释】

①信陵君：即魏无忌。②春申君：即黄歇。③平原君：即赵胜。④孟尝君：即田文。⑤荀卿：名况，或谓时人尊而号为“卿”，赵国人，游学齐国，三为祭酒，后至楚，任兰陵（在今山东苍山兰陵镇）令，晚年潜心撰著，终

老其地。有《荀子》一书流传于世。其生卒年约为公元前313年至前238年。详见本书《孟子荀卿列传》。⑥八览：指《有始》《孝行》《慎人》《先识》《审分》《审应》《离俗》《恃君》。六论：指《开春》《慎行》《贵直》《不苟》《似顺》《士容》。十二纪：指《孟春》《仲春》《季春》《孟夏》《仲夏》《季夏》《孟秋》《仲秋》《季秋》《孟冬》《仲冬》《季冬》。

【译文】

在这时期，魏国有信陵君，楚国有春申君，赵国有平原君，齐国有孟尝君，都礼贤下士喜好招募宾客来互相夸耀倾轧。吕不韦因为秦国强大，却在这方面不如他们而感到羞耻，所以也招徕士人，给予优厚待遇，门下食客达到三千来人。这时诸侯各国有许多工辞善辩的文人学士，如荀卿一类人，著书立说传布天下。吕不韦便让他的门客各人著录所见所闻，辑集纂论编为八览、六论、十二纪，有二十多万字。吕不韦认为其中详尽论述了天上地下世间万物从古至今的事情，称之为《吕氏春秋》。公布在咸阳市朝的大门，并悬挂千金在上面，聘请诸侯各国的游士宾客，如有能够增添减少一个字的就赏给千金。

【原文】

始皇帝益壮，太后淫不止。吕不韦恐觉祸及己，乃私求大阴人嫪毐以为舍人①，时纵倡②乐，使毐以其阴关桐轮③而行，令太后闻之，以啖④太后。太后闻，果欲私得之。吕不韦乃进嫪毐，诈令人以腐⑤罪告之。不韦又阴谓太后曰：『可事诈腐，则得给事中。』太后乃阴厚赐主腐者吏，诈论⑥之，拔其须眉为宦者⑦，遂得侍太后。太后私与通，绝爱之。有身，太后恐人知之，诈卜当避时，徙宫居雍⑧。嫪毐常从，赏赐甚厚，事皆决于嫪毐。嫪毐家僮数千人，诸客求宦⑨为嫪毐舍人千余人。

【注释】

①阴：生殖器。此指男性阴茎。大阴人，指阴茎粗大坚挺之人。舍人：官名，亦可泛指王公显贵的侍从及门客。②倡：表演歌舞的艺人。③关：贯通，贯穿。桐轮：桐木制成的车轮。④啖：引诱。⑤腐：指腐刑，即宫刑，一种破坏生殖器的肉刑。⑥论：论决，定罪。⑦须眉：胡须眉毛，此专指胡须。宦者：宦人。此特指受过宫刑的宫中宦侍，即阉宦。⑧雍：秦国旧都，在今陕西凤翔南。⑨宦：官，官吏。

【译文】

秦始皇渐渐长大成人，而太后却淫乱没有止息。吕不韦害怕觉察而祸殃连及自身，就暗中访求到一个生殖器特别发达的人叫嫪毐，作为门下舍人，时常放纵倡优尽情取乐，让嫪毐把他的阴茎套上桐木轮子而行走，故意叫太后闻知此事，来引诱太后。太后听说后，果真想私下得到嫪毐。吕不韦便送进嫪毐，派人编造该判腐刑的罪名告发他。吕不韦又暗中对太后说：『可做手脚假施腐刑，就能得到他在宫中供事。』太后于是暗中给主持执行腐刑的官吏丰厚的赏赐，假装对嫪毐处以腐刑的罪，拔去胡须眉毛让他做了宦官，嫪毐于是得到机会侍候太后。太后私下与他通奸，非常喜爱他。不久有了身孕，太后恐怕别人知道，假称占卜结果说应当回避一段时间，就从宫中迁居到雍。嫪毐经常随从太后，得到赏赐非常丰厚，凡事都取决于嫪毐。嫪毐家中僮仆数千人，各处来客为谋求当官而做嫪毐门下舍人的有千余人。

【原文】

始皇七年，庄襄王母夏太后薨。孝文王后曰华阳太后，与孝文王会葬寿陵①。夏太后子庄襄王葬芷阳②，故夏太后独别葬杜[3]东，曰『东望吾子，西望吾夫。后百年，旁当有万家邑』。

【注释】

①寿陵：陵名，在今陕西西安东北。②芷阳：秦国县名，属秦京都内史，在今陕西西安东北。③杜：秦国县名，属秦京都内史，在今陕西西安东南。

【译文】

秦始皇七年（公元前240年），庄襄王的母亲夏太后去世。孝文王后也称华阳太后，与孝文王合葬在寿陵。夏太后的儿子庄襄王葬在芷阳，所以夏太后单独另外葬在杜县东，（夏太后生前）曾说：『东面可以望见我的儿子，西面可以望见我的夫君。百年以后，旁边必定会有人口万家的城邑。』

【原文】

始皇九年，有告嫪毐实非宦者，常与太后私乱，生子二人，皆匿之。与太后谋曰『王即薨，以子为后』。于是秦王下吏治，具得情实，事连相国吕不韦。九月，夷[1]嫪毐三族，杀太后所生两子，而遂迁太后于雍。诸嫪毐舍人皆没其家而迁之蜀[2]。王欲诛相国，为其奉先王功大，及宾客辩士为游说者众，王不忍致法。

【注释】

①夷：夷灭，诛灭。三族：指父母、兄弟、妻子。或谓父、子、孙，或谓父族、母族、妻族，或谓父昆弟、己昆弟、子昆弟。②蜀：秦国郡名，公元前285年建置，郡治成都（今四川成都）。

【译文】

秦始皇九年（公元前238年），有人告发嫪毐其实并不是受过腐刑的宦官，经常与太后私下淫乱，生下儿子两个，都隐藏着。嫪毐还与太后密谋说『秦王倘若去世，就以这孩子为继承人』。于是秦王交付有关官吏办理此案，取得全部真情实据，事情牵连相国吕不韦。九月，诛灭嫪毐三族，杀死太后所生的两个儿子，同时就将太后迁居到雍。所有嫪毐的门下舍人都抄没全家迁徙到蜀郡。秦王本想诛杀相国，但因为吕不韦事奉先王功劳很大，以及宾客辩士为之说情的人很多，秦王便不忍心对他执法。

【原文】

秦王十年十月，免相国吕不韦。及齐人茅焦[1]说秦王，秦王乃迎太后于雍，归复咸阳，而出文信侯就国河南。

【注释】

①茅焦：齐国游士。据《说苑·正谏》，后受爵上卿。

【译文】

秦王十年（公元前237年）十月，罢免相国吕不韦的职务。直到齐国人茅焦劝说秦王，秦王才从雍接回太后，返归咸阳，而下令文信侯吕不韦迁出国都到他的封地河南。

【原文】

岁余，诸侯宾客使者相望于道，请[1]文信侯。秦王恐其为变，乃赐文信侯书曰：『君何功于秦？秦封君河南，食十万户。君何亲于秦？号称仲父。其与家属徙处蜀！』吕不韦自度稍侵[2]，恐诛，乃饮鸩[3]而死。秦王所加怒吕不韦、嫪毐皆已死，乃皆复归嫪毐舍人迁蜀者。

【注释】

①请：请谒，请求谒见。②稍：逐渐。侵：侵削，迫害。③鸩：毒酒。用鸩鸟羽毛浸泡而制成的一种毒酒。

【译文】

（吕不韦在河南）一年多的时间里，诸侯各国的宾客使者在道路上前后相望络绎不绝，请求谒见文信侯。秦王担心其中会发生意外事变，就给文信侯书信说：『你对秦国有什么功劳？但秦国封给你河南，食邑十万户。你同秦君有什么姻亲？竟号称仲父。你还是和家眷一起迁居到蜀郡去！』吕不韦自我思量地位日益受到侵削，害怕被杀，就喝毒酒而死。秦王所恼怒的吕不韦、嫪毐都已死去，便又全部遣返迁徙到蜀郡的嫪毐门下舍人。

【原文】

始皇十九年，太后薨，谥为帝太后，与庄襄王会葬茝阳①。

【注释】

①茝阳：即芷阳。茝，同『芷』。

【译文】

秦始皇十九年（公元前228年），太后去世，谥号为帝太后，与庄襄王合葬在茝阳。

【原文】

太史公曰：不韦及嫪毐贵，封号文信侯。人之告嫪毐，毐闻之。秦王验左右，未发。上之雍郊①，毐恐祸起，乃与党谋，矫太后玺发卒以反蕲年宫[②]，发吏攻毒，毒败亡走，追斩之好畤[③]，遂灭其宗。而吕不韦由此绌矣。孔子之所谓「闻」者[④]，其吕子乎？

【注释】

①上之雍郊：按本书《秦始皇本纪》，指秦王政到雍举行冠礼。②矫：诈称，假托。玺：印。自秦始皇称帝后成为皇印专称。蕲年宫：秦旧都雍城宫殿名，在今陕西凤翔南。③好畤：秦国县名，属秦京都内史，在今陕西乾县东。④孔子之所谓「闻」者：按《论语·颜渊》，孔子曰：『夫闻也者，色取仁而行违，居之不疑。在邦必闻，在家必闻。』即此所本。『孔子之所谓「闻」者』，指口是心非、善于钻营而极易出名的人。

【译文】

太史公说：吕不韦以及嫪毐显赫一时，封号为文信侯。有人告发嫪毐，嫪毐得知此事。秦王让左右的人进行核实，不马上发作。秦王到雍城郊外，嫪毐害怕灾祸发生，就与同党密谋，假托太后玺印调动军队在蕲年宫举行反叛。秦王派官吏领兵攻击嫪毐，嫪毐兵败逃奔，在好畤被追上斩首，于是诛灭他的宗族。而吕不韦也由此被贬黜了。孔子所说的那种『闻』者，难道不是指吕不韦吗？